协同教育理念下的
学校治理变革与创新

基于上海市虹口区第四中心小学的实践

陈珏玉 著

上海教育出版社
SHANGHAI EDUCATIONAL
PUBLISHING HOUSE

"虹口·未来海派教育家"
丛书编委会

目　录

以协同教育开创学校
改革发展新时代

教育是实现国家繁荣、民族复兴和社会发展的重要基石。学校教育作为教育事业的核心组成部分,其质量的高低直接决定了教育事业的成败,对人才培养的质量也有着深远影响。党的二十大报告强调了教育的重要性,提出了发展教育事业的目标和方向。在党的二十大精神的指引下,我们要努力提升学校教育的品质和水平,注重培养学生的综合素质,推动教育公平,加强职业教育,改革教育体制,提高教师的专业素养和学校的安全管理水平。只有这样,我们才能够实现教育的使命,为国家的繁荣和民族的复兴作出积极贡献。校长是学校各项事业发展的重要设计者、引领者、组织者和管理者,所以校长必须抱有"办好每一所学校,教好每一个学生"的信念,在教育改革发展的大潮中正确定位自我,充分发挥自我价值。

中国义务教育的飞速发展带来了学校教育任务和性质的改变。这种改变需要校长在履行职责时探寻和创新工作方式。传统上,校长大都是以一种"学校改进"的方式来发挥作用的。一般而言,"学校改进"可归属为一种聚焦问题和解决问题的教育变革路径。从其理论假设上看,"学校改进"持有一种问题中心的世界观。这种世界观将学校组织及其全体人员视作一系列问题,校长的作用就体现在发现症状、探讨缘由、分析问题、提出可能的补救措施,进而拿出相应的诊治方案。这种世界观隐藏着这样的隐喻,即学校组织是

"有病"的,校长是"医生",其职责就是诊断病情和对症下药①。实际上,当今时代教育发展不仅需要会"治病"的学校"医生",还需要能够结合学校实际,立足教育发展大趋势,主动设计学校教育改革路径,主动推动学校教育变革创新的现代学校管理者。这既是校长专业发展的要求,也是新时代推动学校教育事业改革向前的要求。

2012 年 5 月 17 日,《虹口报》的要闻版面,刊登了一篇关于教学和管理理念的报道《只想用一辈子办好一所学校》,全文主要内容如下:

虹口区第四中心小学,这所普通公办小学声名在外,广受家长追捧。这与校长陈珏玉制定 7 轮"三年规划"、专注 35 分钟永久舞台、坚持 8 年一个课题 3 项工作分不开。

专注 35 分钟的永久舞台

35 分钟一堂课,是学生成长的舞台、教师专业发展的平台,也是校长的永久舞台。1998 年,为打破"满堂灌",她推广"六段双反馈"模式,要求教师在课堂上预留两段时间让学生讨论。全校先后开了 150 多堂"研究课",引导老师摸索。以前,上语文课,讲生字、讲课文,很沉闷。一位老师试点让学生自学、讨论:"每个人的理解不同,课堂上观点交锋,气氛一下子活跃了。"

坚持 8 年一个课题

2004 年,一位二年级语文教师要开一堂公开课《发烫的手指》。课文讲述了贝多芬失明后努力奋斗的故事,试讲时播放《命运交响曲》,请学生闭目感悟。不料,一些学生一听就叫起来:"贝多芬! 音乐课上刚听过!"课堂偏离了原本设计的航向。陈校长没有批评,反而反思:一直以来各门课程都是各自为政,但有很多知识交叉重叠,教学资源被浪费,不利于学生融会贯通。

当年,学校立项课题——研究不同学科之间的"协同教学"。与许多学校的教科研很热闹,紧跟热点、两三年结题、评奖后束之高阁不同,虹口区第四中心小学的这个课题,一做就是 8 年。

---

① 张新平.校长角色论析[J].教育发展研究,2013(10).

制定 7 轮"三年规划"

每 3 年,学校都要制订新一轮发展规划。陈珏玉坚守虹口区等四中心小学,参与制订了 7 轮,始终坚持不断传承、"小步"前进。7 个 3 年,很多"不变":始终关注学生自主学习与身心和谐,始终关注教师岗位成才。最大的变化,是"以人为本"理念日益深入,学生成长的平台日益丰富①。

报道中所反映的是笔者始终坚持以"三年规划"为引领,聚焦课堂教学的实践和课题研究,助推虹口区第四中心小学稳步向前发展,获得较好社会声誉的办学历程。

时光荏苒,距离这篇报道又过去了 11 年。新时代的教育发展面临更加多元、复杂的外部环境,面临更加丰富、个性化的内部需求。作为学校管理者,必须要有审时度势、综合驾驭的能力,在信息的综合掌握和学校各项事业的综合研判之中,寻找推动学校内涵发展的创新路径。

回溯人类社会的发展历史和教育变革的轨迹,教育之所以成为人类社会的永恒话题,一是社会生命延续之必需,二是社会文化传承之必要,其实质在于人的社会化诉求。从本质上说,人的社会化过程就是一个不断获得社会文化、规范和技能的过程。在这个过程中,一是要通过"社会教化",包括系统的、正规的教育和非系统的、非正规的教育;二是要经过"个体内化"。总体而言,不论是社会教化还是个体内化,由于主体及其内外环境的错综复杂性,其活动过程和结果必然具有复杂性。对复杂的教育问题进行研究,绝不能用简单、线性的思维方式②,而是要充分认识到,就教育系统一般性分析而言,其教育目标、对象、内容、过程、方法、评价等均具有复杂性。不论是理论层面研究教育变革的新理念,还是实践层面探索教育变革的新思路,都需要考虑教育本身的复杂性特征,运用结构化思维、系统性思维和协同性思维,考察教育系统不确定性因素,在激活序变量的过程中把好动态控制,同时力争在上一层

---

① 李爱铭.只想用一辈子办好一所学校[N].虹口报,2012 - 05 - 17.
② 司晓宏,吴东方.复杂性理论与教育的复杂性研究[J].教育研究,2007(11).

级建立一种新的平衡秩序以调动各方积极性,从而促进教育事业可持续发展①。

鉴于教育自身的复杂性,近年来在推进学校教育教学和管理变革的理论研究和实践探索过程中,协同教育成为一种重要的变革思路。

对于协同教育的探索源于人们对于不同类型教育功能认识的不断完善。人类社会有三大教育系统,即家庭教育系统、学校教育系统和社会教育系统。每个系统都有自身组成的要素,要素间相互联系与作用,发挥各自的教育功能(见表0-1)。三大教育系统是相对独立的,但受教育者——子女、学生、社会成员——实际上是同一个人,也就是说,三大教育系统中受教育者这一要素是共同的,另外两个要素——教育者和教育媒体,才是各系统独有的。这种目标和指向上的一致性,决定了不同类型教育之间存在着整合协同的逻辑可能性。

表0-1　人类社会三大教育系统的要素及功能

系统	家庭教育系统	学校教育系统	社会教育系统
要素	家长、家庭教育媒体、子女	教师、学校教育媒体、学生	社会教育组织者、社会教育媒体、社会成员
功能	家庭教育	学校教育	社会教育

笔者所在的上海市虹口区第四中心小学(以下简称"虹口四中心"),始建于1988年,坐落于曲阳社区内。校园环境优美,绿树环绕,落英缤纷,是上海市花园学校。学校现有东体育会路和赤峰路两个校区。其中,在东体校区共有22个三至五年级班级,赤峰校区共有16个一、二年级班级,全校共有学生1 500人左右。

作为一所优质公办校,为了更好地让周围百姓享受到优质均衡的教育,学校根据市区教育部门关于学区化集团化办学相关精神,以公办虹口四中心为核心,2015年9月筹建了上海市民办虹口四中心实验小学,并于2016年3

---

① 段胜锋.教育复杂性及其对教育改革的启示[J].大学教育科学,2015(4).

月成立了虹口四中心教育集团,2018 年 9 月又组建了思同教育联盟。虹口四中心的办学又迈入了一个新的阶段。

虹口四中心拾级而上的发展,离不开一支优秀的教师队伍。目前全校在编教职工有百余人,其中 35 岁以下教师约占 35%。从学历结构上看,大学本科学历占专任教师的 87.3%,硕士研究生学历占专任教师的 10%。从职称结构上看,具有高级教师职称的占专任教师的 10%,一级教师职称的占专任教师的 50.9%。学校教师以良好的职业道德、积极进取的工作状态履行着教育教学职责。在每学期全校家长学生问卷调查中,教师的满意率均达到 90% 以上。学校在社会上享有较好的办学声誉。

在近年来的办学探索和实践中,我们深刻认识到,学校的办学改革固然需要外部的政策指引和相关的制度保障,但是学校自身的改革内驱力是最根本的要素。正如美国学者古德莱德所言,来自外部的"政治性学校教育改革"和教育工作者发起的内部"学校革新"之间存在着很大的差距,其结果导致随着改革指令的压力不断增加,教师们越发觉得与自己的理想和工作重心渐行渐远[1],而这些改革的阴暗面比改革的反复挫败对学校教育的伤害还要大。学校教育改革是一项系统性工程,涉及学校发展的各个方面。它既需要统筹规划,又需要协调合作,尤其需要全体成员积极参与,通力合作,形成坚强的学校教育改革执行力。然而,在当前学校教育改革过程中,普遍存在凝聚力不强,改革动力不足,改革主体积极性不够等问题[2]。这些问题固然有多方面的原因,但是其中最为重要的或许是学校改革的方向、重心、思路、理念等未能在学校层面形成统一,也就是说,学校的改革未能得到学校师生的一致认可。基于这样的认识,我们注重从实践之中挖掘和设计改革的方向,寻找一条通过协同教育凝聚办学力量,推动学校改革发展的思路。学校每年的年度工作重点都不相同,但是对于协同教育、协同教学的坚持是我们的特色,也是我们的追求。这种源于实践的改革设计得到了全体师生的高度认同,凝聚起

---

① 约翰·古德莱德.一个称作学校的地方[M].上海:华东师范大学出版社,2006.
② 宋兵波.学校教育改革中的能力建设[J].教育科学研究,2008(1).

共同推动学校变革创新的磅礴力量。从某种程度上说,正是因为协同教育的改革,才造就了今天学校各项事业发展的巨大成就。

在学校教育改革中,需要通过反思来纠正可能出现的方向性错误、过程管理不足或配套评判标准缺失的问题[①],也需要通过反思来及时总结和推广经验。我们认为,协同教育不仅是虹口区第四中心小学的一种个性化探索,还是未来学校教育与管理的重要变革路向,有必要以虹口四中心的实践为基础,对学校环境中协同教育的理念与实践方式进行系统反思和总结。本书反映的正是在协同教育创新过程中学校的所思、所为、所获,既能够体现学校一路探索的艰辛与收获,也能够为同类学校推动校本教学与管理改革提供实践经验。

---

① 陈雨亭.学校教育改革中的反思能力建设[J].教育研究,2012(8).

第一章

协同教育的研究动态

协同教育强调共同的育人目标,有效整合校内外资源,充分发挥学校教育和校外教育的育人合作力量,发掘和利用学校内部各要素的教育价值,通过有效的合作提升育人效率和质量。

教育理论与实践的关系问题是教育学的基本问题之一。党的二十大强调了教育的实践导向和实用性，要求教育理论必须与实践结合，理论必须服务于实践。

这些年伴随中国基础教育改革的不断推进，理论与实践的关系问题再一次被推向思考和践行的前台①。如何在推动教育改革发展的过程中灵活科学地把握两者的关系，既关系教育理论创新的持续性，也关系教育实践改革的科学性。纵观当前各类学者对于教育理论和实践内在关系的相关研究，尽管表述的方式不尽相同，但是核心观点大同小异：教育理论源于教育实践，教育理论能够指导教育实践，教育实践可以检验教育理论。在教育理论与实践的关系论述中，最重要的价值判断在于教育理论对教育实践的指导价值。用教育理论指导教育实践，是教师、教育行政人员和教育理论研究者的普遍愿望。理论应该而且也能够指导实践，是一个几乎不需要质疑，也几乎无人质疑的"公理"。② 然而，从某种程度上说，这种观念实际上是对"理论指导"的简单化理解和对于教育工作者自主意识、自主活动、自主价值的漠视③。这也就意味着教育理论对教育实践的指导价值并不会自发产生。教育理论只有通过教育实践者的主动思考、主动转化和主动融入实践，才能够真正发挥指导价值。从这个角度出发，我们思考和设计协同教育理念下的学校教学与管理改革时，必须对协同教育的相关理念有一个清晰的了解和把握。这种了解与把握，不仅仅是形成对相关概念的认知，更重要的是找到这些理论与学校教学与管理改革的契合点，让理论和实践通过教育工作者的创造性工作达成深度结合。

---

① 李云星.从理论分析到实践创生：教育理论与实践关系的中国经验[J].教育发展研究,2012(9).
② 程天君."理论指导实践"论的终结——基于反思社会学的教育理论与实践关系重审[J].教育理论与实践,2007(3).
③ 刘德华,蔡婷.教育理论与实践的关系：三重维度的审视[J].大学教育科学,2011(2).

第一节 协同教育的研究回顾

人们对于教育改革与发展规律、趋势的认识是一个逐步深化的过程。进入 21 世纪以来,随着教育变革的持续深入,各种教育主体不断交织、相互作用的现象日渐明显,教育界普遍认识到,传统的"单打独斗"的教育发展模式越来越难以适应未来教育变革的需要,协同教育必然成为未来教育的主流①。回溯教育的改革与发展历史,人们关注协同教育已经有一定的历史,但对协同教育展开正式研究时间并不算长,现代通信技术和网络技术的发展引发了整个教育领域的变革,原本处于教育理想之中的多维度、多主体的教育协同因为有了技术的支持,变得更具可能性。大量的研究已经表明,家长、社会资源等有效地参与学校教育与学生良好的学业成绩和积极的社会竞争力密切相关,学校内部不同学科、不同岗位教师之间的通力合作也是学生实现健康成长和全面发展的重要基础性条件。因此,在信息技术高度发展的今天,在教育变革日渐深入的今天,我们有理由用技术支持学校内外部的相关主体之间的高度协同,对学生实施立体的全方位关怀,提高学生的学业成绩,促进学生的健康成长,在新的教育发展背景下弘扬协同教育的全新价值。

一、协同教育的文献梳理

协同教育研究是伴随着人类对教育系统化、复杂化的认知而逐渐展开的。从中国期刊网上的研究统计看,对于协同教育的零散研究在 20 世纪 60 年代就已经开始,但是这些研究不仅数量少,而且主题零散,公认的结论也较少。在 2010 年前后,协同教育的相关研究开始大量出现。其标志一是研究文献的数量逐年递增,二是研究的主题逐渐明朗,共识性的研究结论开始逐渐

---

① 南国农.成功协同教育的四大支柱[J].开放教育研究,2006(5).

出现(见表1-1)。这充分表明协同教育逐渐成为近年来教育研究与实践领域的"显学",具有非常广阔的研究前景和强劲的生长动力。

表1-1　近10年中国期刊网关于协同教育的研究文献数量统计

年　份	2010	2011	2012	2013	2014
文献数量	47	42	93	185	237
年　份	2015	2016	2017	2018	2019
文献数量	364	449	463	522	600

"协同教育"的概念首次出现在文献中可以追溯到1996年。该年,刘纯姣在《学校家庭协同教育构想》一文中提出"协同教育",并将其定义为:协同教育是将协同学理论移植于教育领域,探索教育系统(学校教育、家庭教育、社会教育构成的教育系统)中的两个主要子系统及学校教育系统与家庭教育系统怎样发挥其各自的组织能力,在一定条件下形成合作、协同、同步、互补的协同效应[①]。在这里,协同教育实际上被当成我们平常所理解的家校合作,只关注三大教育系统中的学校教育和家庭教育两个子系统之间的协同效应,突出强调这两个子系统的价值而忽略社会教育子系统对学生的影响,并把社会教育对儿童心理发展的影响看成被动、消极的,而学校教育、家庭教育才显得有组织、有目的,更积极主动一些。不过该定义中明确地提出了协同学理论的移植,家庭教育和学校教育两大系统的自组织能力必须以信息的互通为基础,及时传递信息才能实现系统的协调互补与同步,产生教育系统的"协同效应",使系统有序运行,最大限度地减少教育系统的内耗。因此,协同学理论和信息的互通是这一概念的主要贡献。

1997年,中国家庭教育学会常务会上第一次正式使用"协同教育"这个概念,并得到了与会专家的认同。在这次会议最终形成的决议性材料中明确提出,"协同教育"是具有时代特征的新的教育观念,主要指学校、家庭、社会等

---

① 刘纯姣.学校家庭协同教育构想[J].怀化师专学报,1996(3).

多方面教育资源、教育力量的主动协调、积极合作、形成合力，实施同步教育，共同培养"四有"新人①。这里把协同教育定义为一种教育观念，合力与同步是它的两个重要关键词。至此协同教育理论已经基本具备雏形，不过停留在观念层面的协同教育缺乏相应的实用性，尤其是忽略信息技术对协同教育的支持，因此这一阶段的协同教育理论并没有引起太多的关注。

　　进入 21 世纪，基础教育改革不断深入，教育界对于协同育人的呼声日益高涨。对于协同教育的思考也逐渐从单一维度的零散思考转变为多维度、多视角的系统思考，相关的研究成果也日益丰富，协同教育成为教育研究和实践的新的增长点。孙庆耀对协同教育的范畴进行了明确定义，认为协同教育离不开社会教育系统的教育资源和教育力量。根据该研究者的观点，协同教育是在现代教育观念，特别是素质教育观念的指导下，学校、家庭、社会等方面的教育资源和教育力量相互主动协调、积极合作，形成合力实施同步教育。这一定义明确强调了学校、家庭、社会等方面教育资源和教育力量的协调，形成了合力，凸显了协同教育对于三大系统的整体考虑，并与家校合作有着不同的范畴。南国农在《成功协同教育的四大支柱》一文中解释协同教育的时候认为："协同教育是一种新的教育方式，它是联合对学生有影响的各社会机构的力量，对学生进行教育，以提高教育的效果、效率和效益。"②这一定义在更广泛的层面架构起对协同教育的理解：它是一种教育方式，是与三大教育系统的教育方式并列的教育方式，是三大系统交叉融合的一种教育方式，即学校教育、社会教育、家庭教育和协同教育。这种方式的存在绝对不是三大系统独立地开展教育活动，而是在其开展教育活动的同时必须有协同，联合对学生有影响的各种社会机构力量，共同提高教育的效果、效率和效益。这已超越了家庭、学校、社区简单的信息互通，是在信息互通的基础上联合各种教育力量对学生进行教育，以提高教育的效果、效益和效率。协同教育系统可以分解为"六

① 王宝祥,刘宏博.我国协同教育发展概况和促其健康发展的建议——关于协同教育的初步研究[J].教育科学研究,1999(6).
② 南国农.成功协同教育的四大支柱[J].开放教育研究,2006(5).

要素"(学校、家庭、社区、媒体、信息、学生)和"三主体"(学生、教师、家长),在信息技术环境下,协同教育指的是学校、家庭和社区之间的合作,利用现代信息技术共同对学生进行教育,实现学校、家庭和社区的紧密协作。李运林教授在《协同教育是未来教育的主流》一文中认为,家庭、学校、社会"三大教育系统中,某一系统那些独有的要素或信息进入另一系统与另一系统的要素相互联系与作用,产生协同效应,影响了该系统的教育功能,这种现象称为协同教育"[①]。他进一步依据系统独有要素的相互渗透对协同教育进行分类,包括协同家庭教育、协同学校教育和协同社会教育等多种类型的协同教育。

二、协同教育的内涵阐释

协同教育作为一种新的教育理念,研究者们在研究的初期主要关注了这一理念的概念体系、内涵外延等问题,并对这一教育理念的理论基础进行了相应的思考和探索。

协同即一起、共同的意思。《辞海》中将协同教育视为一种育人观念和育人方式,即将教育中的各个要素按照科学的方式进行整合,从而共同对受教育者发挥教育作用。

学术界普遍强调协同教育的概念是有效整合教育资源,特别是充分发挥学校、家庭和社会的教育合作力量,构建完善的教育生态系统。从家庭教育的角度来看,协同家庭教育主要有两种形式:学校协同家庭教育和社会协同家庭教育。前者指的是学校教师或学校教育媒体进入家庭教育系统,共同发挥教育功能;后者指的是社会教育组织者或社会教育资源进入家庭教育系统,共同产生教育效果。例如,父母在大众传媒(报纸、广播、电视等)的引导下对子女进行教育;父母带领子女参加社会文化活动,如参观博物馆,以进行教育。协同家庭教育本质上仍属于家庭教育的范畴,一般的家庭教育理论和规律依然适用,但加入了其他系统要素后,会呈现出新的特点、规律和模式。

---

① 李运林.协同教育是未来教育的主流[J].电化教育研究,2007(9).

因此,研究协同家庭教育的学者既需要了解一般家庭教育的理论和规律,也需要掌握协同家庭教育的特点、规律和模式。

从学校教育的角度来看,协同学校教育也有两种形式:一是家庭协同学校教育,即家庭教育系统的要素融入学校教育系统,共同发挥教育功能;二是社会协同学校教育,即社会教育系统的要素融入学校教育系统,共同实现教育目的。协同学校教育本质上仍然属于学校教育范畴,一般的学校教育理论和规律仍然适用,但也具备了新的特点、规律和模式。

从社会教育的角度看,协同社会教育同样包括两种形式:家庭协同社会教育和学校协同社会教育。前者是家庭教育系统要素进入社会教育系统发挥教育功能;后者是学校教育系统要素进入社会教育系统发挥教育功能。协同社会教育属社会教育范畴,但它又有新的特点、规律与模式值得研究[①]。

在当前关于协同教育的研究中,无论研究者从何出发,都聚焦于学校、家庭和社会 3 个系统的有机融合。随着教育的复杂性日益突显,教育主体之间的有效合作变得更加重要。这种合作不仅涉及学校教育与校外教育的合作,还包括不同教育主体内部各要素之间的合作。因此,在新的教育改革和发展背景下,我们应该以更广泛的视角来看待协同教育的问题,充分认识到教育的协同性既包括外部协同,也包括学校教育内部各要素的协同。基于这一观点,我们可以这样定义协同教育:协同教育是一种适应现代教育发展的新型育人理念和教育方式。它强调围绕共同的育人目标,有效整合校内外资源,充分发挥学校教育和校外教育的育人合作力量,发掘和利用学校内部各要素的教育价值,通过有效的合作提升育人效率和质量。

第二节　协同教育的理论基础

协同教育作为教育系统改革中产生的一种新型教育理念,必然有其相应

---

① 李运林.协同教育是未来教育的主流[J].电化教育研究,2007(9).

的理论基础作为支撑。只有明确这些理论基础,才能对协同教育的内涵、价值及其在实践中的操作范式有清晰明确的认识。总体上看,协同教育涉及许多教育元素和教育理论,其中最重要的理论基础主要包括协同学理论、共同体理论、教育复杂性理论和重叠影响理论。

一、协同学理论

"协同"一词来自协同学,在现代科学和现代社会中,"合作""互补""和谐"等已经成为一种重要的发展趋势。法国著名社会学家弗朗西斯·佩鲁(Francois Peilu)认为,社会的发展是由冲突与合作相互作用所推动的,而在今天,新的综合与协作已成为社会发展的根本。

协同学是由德国著名物理学家哈肯(Haken)在 20 世纪 70 年代创立的一门系统科学的分支理论。它的综合性较强。协同思想是现代系统论中的一个重要观点,我国学者习惯称其为"新三论"之一。协同学从系统演化的角度,研究自然界和人类社会各子系统在物质、能量、信息的作用下产生非线性相互作用而形成协同效应的机理与规律。协同学的核心在于系统各个要素通过非线性相互作用产生协同效应和竞争力,进而推动系统自发地进行组织和不断演化。一般说来,可把协同学看作是处理复杂系统的一种策略。实际上,在现代科学和社会中,我们不得不越来越多地应对复杂系统,即由相互间以复杂方式作用的许多单元所组成的系统。协同学的目标是通过统一的观点和方法来处理复杂系统的概念和问题。它的重点是揭示自然界中普遍存在的有序和无序之间相互转化的基本规律,将有序和无序统一起来。它强调系统内各要素之间、要素与系统之间以及系统与环境之间存在着协同作用,包括合作、同步、协调和互补。只有通过协同作用,系统才能产生有序状态;否则,会出现无序状态。当系统处于有序状态时,各种力量会汇集在一起,形成强大的合力,产生超越单个力量的整体功效;相反,如果系统处于混乱无序状态,各种力量会相互排斥或抵消,无法发挥整体功能。

协同学的核心概念和核心指向在于协同效应的达成。"协同效应"是指在复杂系统中,各要素之间存在着非线性的相互作用。当外界控制参量达到一定的阈值时,要素之间互相联系,相互关联占据主导地位,而且要素之间相对独立,相互竞争得到有效消解,表现出协调、合作,整体效应得到增强。系统从无序状态走向动态有序状态,即"协同导致有序"①。

根据协同学的相关理论,教育体系中的各个系统之间以及系统内部的内在条件和外在条件存在差异和矛盾。然而,在特定条件下,这些差异和矛盾可以得到解决,并形成整体的动态协作、反馈和互补的协同效应,从而正向激发学生的好奇心和欲望,满足学生的心理需求。在教育活动中,这种协同效应通过同化、顺应和平衡机制实现,从而激发学生的生命动力,并不断开启新的经验,促进学生的全面和协调发展。因此,根据协同学的理论,教育内外部的各要素应该围绕着共同的教育目标,在正式组织和非正式组织的共同作用下,努力实现协同、合作、互补、和谐,凝聚起促进教育改革发展和人才培养的协同力量。这也是协同教育的重要价值维度。

二、共同体理论

"共同体"一词源于古希腊,最初指的是在城邦中设立的市民共同体。共同体理论起源于欧洲,随后传播到美洲、日本,并逐渐影响到中国。在这个传播和演变的过程中,不同国家的学者根据各自的社会历史背景,对这一理论赋予了不同的意义和理解,其含义和范围也不断扩大。

学界一般认为,共同体的概念虽然早已有之,但真正意义上的共同体理论却产生于 19 世纪中后期。马克思(Karl Heinrich Marx)在较早时期对共同体的基本形态进行了论述,从而为共同体的理论建立奠定了基础。斐迪南·滕尼斯(Ferdinand Tönnies)则明确提出了"共同体"和"社会"两个概念,用以阐述社会历史发展的两种基本模式。马克斯·韦伯(Max Weber),作为德国著名的社会学家、政治学家、经济学家和哲学家,在探讨经济与社会团体之间

---

① 高文宇.协同理论及其教育教学价值[J].科学大众,2007(6).

的关系时,运用了一系列概念构建了独特的共同体理论。而埃米尔·涂尔干
(Émile Durkheim),一位法国社会学家,提出了"机械团结"与"有机团结"的
概念,以及共同体的"社会团结"理论。可以说,共同体理论的发展演变具有
鲜明的时代背景和历史特征。

回顾共同体理论的发展历程,我们可以看到一个清晰的线索。共同体最
初的焦点是探讨社会发展形态和社会关系。然而,在 20 世纪科学技术革命和
现代化发展的背景下,科学在社会发展中的作用日益受到重视。科学共同体
理论从波兰尼(Karl Polanyi)提出的科学家集团论述开始,接着是默顿规范对
科学精神特质的阐述,然后通过库恩(Thomas Sammual Kuhn)的范式理论的
推动,在全球范围内产生了广泛而深远的影响,成为影响各个学科领域的重
要理论。

从中国的现实情况看,到 20 世纪 80 年代之后,在日益多元的西方社会科
学理论译介和影响下,我国学者对"共同体"这一概念和理论的运用才开始增
多起来。通过对相关文献的梳理可以看到,在哲学、政治学、历史学、社会学
等诸多领域,共同体理论都受到高度关注和深入研究。总体而言,我国学界
对共同体理论的理解和研究主要呈现出三个方面的特征:对共同体理论的多
元化理解、对共同体理论的译介不够充分、对共同体理论理解和运用的
泛化[①]。

共同体理论的演进和辐射,不可避免地波及了教育领域,成为教育改革
的又一新的思路。大量研究者认识到,学校教育的基本功能是将具有自然属
性的个体转化为具有社会属性的个人。然而,人的自然性与人的社会性的转
换受制于社会、文化与教育的整体环境。换言之,那种纯粹基于人的潜能发
展的教育思想与教育理想,是天真的"教育乌托邦";那种不关注社会教化大
环境的教育实践,则属于一叶障目的"教育夜郎国"[②]。对于当下的教育,我们
必须认识到学校教育的作用是有限的,并且要认识到家庭教育的潜力还没有

① 朱丽君.共同体理论的传播、流变及影响[J].山西大学学报(哲学社会科学版),2019(3).
② 马和民,周益斌.走向对话与支持的教育共同体[J].南京社会科学,2010(3).

得到充分发挥,同时也要认识到社会孕育了丰富的教育资源。因此,我们需要以共同体的视角来审视教育,集结学校内外的各种因素,真正建立一个具有共同目标、良好互动和积极协作关系的教育共同体。在这个共同体中,不仅学校、家庭、社会等可以有效地互动与合作,而且教师之间、学生之间、师生之间、学生与家长之间、教师与家长之间,以及与教育相关的任何实施主体之间都应该保持良好的合作关系,以互助合作促进共同成长。因此,协同教育的目标就是要构建一个学校内外的教育共同体,推动学校教育的变革,提高人才培养的质量。

三、复杂性理论

复杂性作为事物一种本质属性,是贯穿事物始终并客观存在的①。复杂性一词多义,且学界对此尚无统一的定义。复杂性理论认为,世界的本质是简单的,但更是复杂的。承认世界的复杂性,并不等于否认和排斥世界的简单性,简单性只是复杂性的一种特例。20 世纪以来,人们注意到,学界产生了多个复杂性研究成果,如普里戈金(I. llyaPrigogine)的"复杂性科学"、西利亚斯(Paul Cilliers)的"复杂系统"、莫兰(Edgar Morin)的"复杂性方法"、圣菲研究所(the Santa Fe Institute,SFI)的"复杂性适应系统"、钱学森的"开放复杂巨系统"。它们名称不一,各有特色,但总体来看却具有相通性——"笼统地说,这几个名词表达的内容是同一件事情"②,即它们不同于近代科学思维模式,自 20 世纪中叶涌现,即将成为 21 世纪科学思维之基,涵盖了一系列彼此相关的观点、理念。

复杂性哲学和复杂性研究的提出为人文社会科学研究开辟了一条新的道路,使我们能够以一种全新的、复杂性的视角重新认识人类世界。这种研究思路和方法对于研究人类复杂教育现象的教育学来说更加适合。叶澜教

---

① 李东坡,边耀君.复杂性视域下爱国主义的系统审视和科学培育[J].思想理论教育,2016(12).
② 向成军.对复杂性理论的思考[J].系统科学学报,2019(4).

授认为："教育是人类社会所特有的更新再生系统,可能是人世间复杂问题之最。"①事实上,在教育系统内部存在着影响目的选择、过程实施、结果实现的多因素、多样态和非线性、不可逆的基本特征。这一切都使得"复杂性"成为教育系统的本然存在特性和基本存在样态。循此出发,对复杂的教育现象进行研究,对复杂的教育问题进行探索和创造,就绝不能单一地运用简单性、单向性和线性的思维模式,而应充分借鉴和应用复杂性研究的思维模式与研究思路②。

教育的复杂性核心的体现是学生发展的复杂性。大量研究指出,学生发展问题是当今世界教育改革、教育发展研究的核心课题。当前,教育思维方式正经历着后现代转向,即从线性、秩序与控制的现代主义走向非线性、丰富、创生的后现代主义。这种转换为我们提供了看待学生发展的新视角。特别是后现代思想大力倡导的复杂性理论,对学生发展有着极其深刻的启示。复杂性理论视野中的学生是在开放系统中逐渐发展的,是线性与非线性的统一发展,既受外部环境的影响,又自主地决定自己的发展方向与路径。它不是简单地受外部决定,而是受各种偶发事件的影响。它不仅强调学生发展的各种实在结果,而且关注学生发展的实践过程③。从复杂性的视角来看,教育变革和人才培养都是一系列复杂的系统工程,涉及许多复杂的事务。因此,教育工作者需要通力合作,凝聚不同教育主体的协同价值。协同教育所倡导的教育主体和教育要素之间的协同合作,在面对复杂的教育问题时,有助于产生更多创造性的方法,为复杂的教育现象提供更多解释思路和解决方法。因此,教育的复杂性需要教育过程中的协同合作,协同教育是应对教育复杂性的必然选择。

四、重叠影响理论

重叠影响理论源于对学校教育、家庭教育和社会教育之间关系的研究探

---

① 叶澜.世纪初中国教育基础理论发展的断想[J].华东师范大学学报(教育科学版),2001(1).
② 司晓宏,吴东方.复杂性理论与教育的复杂性研究[J].教育研究,2007(11).
③ 黄乃祝.复杂性理论视野中的学生发展观[J].学术论坛,2009(10).

索。该理论认为家庭、学校和社区对孩子以及它们之间的状态产生了重叠的影响。重叠影响理论指出，家长、教师和其他成人在青少年发展中扮演着不同的角色。家长扮演的角色有志愿者、雇员、家庭教师、倾听者、决策者和成人学习者等。在家校合作方面，有几种匹配家长角色的模式，包括家长影响模式（教师向家长传授有关儿童发展和学习的信息或技能）、综合服务模式（教育者帮助儿童获得满足健康和社会心理需求的支持）、学校影响模式（家长成为学校的决策者和志愿者），以及社区影响模式（强调家庭、社区和学校之间的联系）。

重叠影响理论包含外部结构和内部结构两个方面。外部结构主要指各个领域如何合作和单独发挥作用。其受不同条件或设计的影响，可能结合或分散，其中涉及许多重要的因素，如家庭、学校、社区的背景和习惯做法，学生发展的阶段性特征，以及历史和政策的背景，等等。这些因素共同决定了学校、家庭和社区参与某项活动的条件、场地、机会和激励程度，同时也决定了这种活动的程度。内部结构关注的是家庭、学校和社区中和谐的人际关系，详细描述了机构和个人之间的交流界限，确定了学校、家庭和社区内部各要素或三者之间的交叉作用的场景和方式。

从教育变革的角度看，重叠影响理论的一个重要贡献是改变了人们对家庭、学校和社区影响孩子成长方式的理解。先前的理论认为，在孩子的成长过程中，家庭的影响在婴幼儿和学龄低年级阶段最重要，然后是学校的影响，最后才是社区的影响。这种影响顺序被认为是固定不变的。实际上婴幼儿及其家庭并不是孤立存在的，而是与其他正规或非正规的邻里、社区、学校等网络有着紧密的联系。幼儿的成长、发展、学业、健康及其他品质同时受多种背景的影响而并非遵循某种次序。相同地，年龄较大的学生也会同时受到来自家庭、学校、伙伴和社区的影响。这种影响并不遵循固定的顺序或程序。这些影响因素在学生的成长过程中相互交织，并且可能同时发生，对学生的发展产生综合的及复杂的影响。基于这样的认识，重叠影响理论特别强调家庭、学校与社区等机构对学生的独特影响力，主张家庭、学校、个体与其他社会组织对学生的发展与教育的影响力是重叠的。在突出家庭与学校等机构所构成的合力影响外,此模式还注重各主要机构的历史连接及其累积的影响力,同时非常重视个别机构对于学生的独特影响力。这些独特影响力的作用范围、大小与效果受到包括家庭、学校、社区的背景,习惯性做法,孩子身心发展的阶段性特点与个性特征,以及三者历史的和政策的背景等因素的影响,对学生发挥独特的功效;而且这些独特的影响对于不同学生的成长而言,可能扮演着重要的角色[①]。

重叠影响理论启示我们,在推动教育改革、学校发展和提高人才培养质量的过程中,不同的教育主体可能发挥着不同的功能和价值,但这些不同的功能和价值在学生身上会产生叠加效果。这意味着我们需要通过协同合作的方式,不断扩大和激发教育主体和教育元素之间的相互作用,为学生的成长和发展注入更多的力量,创造更多的可能性。

第三节　协同教育的价值分析

教育活动不可能回避价值问题[②],教育的价值问题是一个十分复杂的问题。黄济教授在他的著作《教育哲学通论》中详细探讨了中外哲学家对于价值和教育价值论的观点。他从马克思主义的视角出发,认为价值是从人们对待满足他们需求的外部物体的关系中产生的。在教育价值方面,他提出教育价值可以从社会需要的角度来讨论,也可以从个体的发展角度来论述,甚至可以综合考虑这两个方面。换句话说,他强调教育价值的基本方面在于,从社会需求和个体发展的角度来考虑,二者同等重要。教育是人生存和发展的基础,教育要使人的生命得以发展。从生命发展的视角来说,教育的本质可

---

① 杨启光.重叠影响阈:美国学校与家庭伙伴关系的一种理论解释框架[J].外国教育研究,2006(2).
② 叶澜.重建课堂教学的价值观[J].教育研究,2002(5).

概括为提高生命质量和提高生命的价值①。这也就意味着教育的价值最终应该体现为生命成长的价值,但是这种价值的充分达成则需要课程、教学、管理、研究等一系列的系统变革。对于教育者而言,为什么要进行协同教育的变革? 协同教育能够给人才培养的理念和方式带来怎样的转型? 这实际上就涉及协同教育自身的价值问题。在笔者看来,正是因为在主观认识上充分肯定了协同教育在价值向度上的多种可能,学校才有了进行协同教育探索的客观需求与现实必要。

一、协同教育为教育质量发展提供新路径

追求教育质量是现代教育发展的核心命题。党的十八大以来,一直强调要以"公平且高质量"的教育来满足人民群众对教育事业改革和发展的需求。《关于深化教育教学改革全面提高义务教育质量的意见》指出,"义务教育质量事关亿万少年儿童健康成长,事关国家发展,事关民族未来"②,因此,通过教育质量的提升提高人才培养的质量,是未来我国基础教育改革的重要目标。从人才的培养看,每个人都在不同人生阶段受到来自家庭、学校和社会的教育,或同时接受这三方面的教育。这三方面教育产生的总效果才是真正的教育效果。因此,从事学校教育的校长与教师在设计实施一套学校教育的方案时,应克服来自家庭、社会的负面影响与干扰,加强与家庭、社会的正面教育的协同,才能提高整体教育的质量与效果。从实践的角度看,在教育改革和发展的过程中,学校一直都比较重视与社区、家庭和其他教育主体的沟通与联系,教师家访、学生家长会、家长学校等在各个学校都不鲜见。这些家校协同的工作机制在一定程度上密切了家校合作,也为家庭、学校的协同教育开展奠定了比较好的基础。随着现代科技的发展,近年开发出来的"家校通",利用移动电话与短信系统加强家庭与学校的联系,以及利用互

---

① 顾明远.再论教育本质和教育价值观——纪念改革开放40周年[J].教育研究,2018(5).
② 顾明远.树立科学的教育质量观,使每个孩子享有公平而有质量的教育[J].人民教育,2019(23).

联网更大范围沟通教育的内容与方法,对提高教育的质量与效果起到了重要作用[1]。因此,从教育发展的实践经验来看,推行协同教育能够更好地整合教育资源,形成共同育人的力量,是确保教育质量的有效途径。展望未来,我们应该以协同治理的理念为导向,通过有效的协同合作,更好地整合校内外资源,为推动教育质量提升提供更有效的动力。

二、协同教育为终身教育开展提供新保障

家庭教育系统、学校教育系统和社会教育系统都是开放的系统,彼此之间要素相互渗透,形成了各种类型的协同教育。我们可以将人的一生按照接受的各种教育划分为三个阶段。第一阶段是从胎儿到入学前的学前阶段。这一阶段主要接受家庭教育,但家庭需要借助社会资源,实现大量的社会协同家庭教育。第二阶段是从小学到大学的学校阶段。这一阶段主要接受学校教育,但学校需要加强与家庭和社会的联系,实现家庭协同学校教育,并将社会资源引入学校或将学生带入社会,实现社会协同学校教育。第三阶段是毕业后步入社会工作的学校后阶段。这一阶段主要接受社会教育,例如大众传媒的教育和社会举办的各类职业技能培训教育等。至于社会利用学校资源进行学校后阶段的学校协同社会教育,近年来在全球范围内都得到了快速发展。

近半个世纪以来,由于现代科学技术迅速发展,人类知识总量迅速增长,每10年所出现的发明和发现,比以往2000年的总和还要多,人类知识翻一番的时间、知识老化的周期日益缩短,因此对学习者提出了新的要求:必须提高学习能力扩大学习容量,缩短掌握知识的过程;必须不断地学习,离开学校后还要继续学习,不断更新所学的知识。要满足这些要求,三大教育系统必须更多地交叉渗透,采用多种形式的协同教育,使学习者能利用更短的时间学习更多知识,特别是使学习者在离开学校后还有机会和条件继

---

① 李运林.协同教育是未来教育的主流[J].电化教育研究,2007(9).

续学习。在工作后的继续教育中,学校教育与社会教育的渗透更多了,边界更模糊了,如社会组织的自学考试教育、网络学院教育、各类职业技术培训等。总之,协同教育为人类终身教育开辟了一片崭新的天地,更是未来教育的新领域[①]。

尽管从终身学习的角度来看,协同教育似乎与小学教学和管理的改革关系不大,但作为教育工作者,我们应该具备超越局部视角审视整体教育变革的意识。我们需要充分认识到学校教育在终身教育体系中扮演着重要的角色。只有深刻理解协同教育的多维价值,认识到它对教育资源有效整合和利用的现实需求,才能在更高的层面上认识和建立支持协同教育的学校体系。

三、协同教育为教师专业成长提供新载体

随着教育变革进程的加快,教师专业发展面临着全新的环境和任务。近年来,在对教育事业改革发展宏观审视和对教师专业发展个人主义文化的批判基础上,教师之间的团队合作越来越成为一种流行的方式。教师难以在复杂的教育变革中仅仅凭借"单打独斗"的英雄主义精神取得成功,越来越多的研究者与实践者都认识到,就教师专业发展的组织形式而言,弘扬教师专业发展的合作文化和团队建设不但能够为教师专业发展提供一个平台,让教师以共同体的方式强化自身的学习,而且能够使教师通过共同探索、研讨和参与合作性的实践来生成自己的教学知识和实践智慧,从而实现自身的专业发展[②]。教师要摆脱个人主义文化的限制,转向互助合作的新型专业成长模式,不仅需要教师的思想意识转变,还需要建立相应的教师合作机制。从协同教育的视角来看,学生的教育、教研活动的开展以及学科教育的进步,都需要依靠教师团队的合作。协同教育为教师提供了合作交流的机会,从而打破了个人文化对教师发展的束缚,为教师团队合作提供了实际的支持。

---

① 李运林.协同教育是未来教育的主流[J].电化教育研究,2007(9).
② 袁利平,戴妍.基于学习共同体的教师专业发展[J].中国教育学刊,2009(6).

因此,协同教育不仅能改变对学生的培养方式和教学活动的组织形式,也能在很大程度上改变教师的成长方式,促进团队合作,有效推动教师专业发展。

四、协同教育为教育研究实践提供新领域

从当前教育发展的现实需求看,人们越来越普遍地认识到协同教育的重要性,但是对于教育领域应该怎样做到有效的协同却没有形成一致结论。总体而言,人类社会有家庭教育、学校教育和社会教育三大教育系统,还有三大系统相互交叉、渗透产生的各种类型协同教育。但过去很长一段时间只重视学校教育的研究,关于社会教育、家庭教育的研究寥寥无几,至于三大系统相互交叉产生协同教育的研究专著则更少,只有个别介绍家校合作、家庭与学校的联系等主题的著作。未来的教育将更多冲破学校教育的范围,与家庭、社会配合,出现更多新的教育组织形式,从而开发现代信息技术在协同教育中的应用,研究三大教育系统中要素相互渗透出现的新的教育规律。这些都是现代教育研究的新课题。这些研究的理论与实践成果将填补教育在这一新领域的空白,促进我国教育现代化建设的进程,也将从实践的领域为协同教育的开展提供有针对性的指导①。

综上所述,随着社会的发展和科技的进步,教育改革与发展的进程将不断加速。在这个过程中,各种形式的协同教育将越来越普遍。协同教育在提高教育质量、扩大教育范围、实施终身教育和促进教师专业成长等方面将发挥重要作用。因此,协同教育的研究与发展必将成为未来教育的主流。作为学校管理者,我们应该运用这一新理念来改革我们的教学管理。特别是要根据学校的课程、教学和育人实践,提炼出既具有校本特色又具有传播辐射价值的协同教育模式。这是时代发展赋予学校的重大使命,也是学校教育在未来社会变革中必然要作出的选择。

---

① 李运林.协同教育是未来教育的主流[J].电化教育研究,2007(9).

第四节 协同教育的研究评析

基于文献的分析,笔者认为,关于协同教育我们应该形成以下几个方面的共识。

一、关于协同教育的内涵

目前的研究普遍达成了两个方面的共识。首先,协同教育的本质在于有效整合和利用教育系统中各种要素,包括内部和外部要素。通过有效整合和利用,实现良好的教育发展态势,追求共同治理和良好治理。因此,协同教育的根本要求是资源的有效整合和利用。其次,协同教育之所以能够开展,或者说有必要开展,是因为不同教育主体之间有共同的教育目标,即人才培养。在现代教育体系下,学生的成长不仅需要学校教育的培养,还需要家庭、社会等其他教育环境的影响。进行协同教育的改革与实践,从某种程度上就是让不同教育主体意识到人才培养的紧迫性,以及每个主体在这个过程中所应承担的教育价值和责任。

二、关于协同教育的价值

根据现有研究,学者们普遍认识到协同教育的价值。这种价值体现在通过有效整合和利用教育资源,提升教育质量和改善人才培养质量;同时,在协同教育改革过程中,教师参与变革带来的专业成长也是一种新的价值。此外,协同教育在教育改革中提供了解决问题的可能性和思路。通过深入研究和探索协同教育,可以积累推动教育变革的新经验。在新时代教育改革的背景下,我们将面临更加复杂的教育环境,无法再单独解决教育教学和人才培养问题。因此,可以预见在未来的教育变革中,协同教育将有更广阔的发展空间。我们应当以更充足的信心推动协同教育的研究,展示其在更广泛领域的理论和实践价值。

三、关于协同教育的变革空间

近代以来,改革作为一种特殊的变革形式,已经成为中国社会变革的一种价值象征。教育改革也成为教育事业发展和人类社会变革的重要见证。教育改革并非盲目行动,其逻辑前提是:教育改革是一种有意设计的方法,用以解决教育问题和实现教育理想。教育改革是否有效关键在于,改革是否符合教育变化的实际需求,是否能够解决教育实践中的现实问题。要达成改革目标,必须对教育变革的范围有一个科学准确的把握。目前的研究表明,尽管协同教育的理念已经提出多年,但对于学校、家庭和社会(社区)教育的有效融合的研究居多,学校内部各教育主体之间有效协同和合作的研究在很大程度上被忽视,特别是对于支持协同教育的协同教学模式缺乏有针对性的研究。此外,随着中国经济社会进入新的历史阶段,科学治理成为国家政治经济改革的重要方向,也对学校的协同教育问题提出了新的命题和新的思路。因此,笔者认为,着眼未来,协同教育的研究应该注重以下三个方面:首先,以现代教育治理为导向,进一步梳理学校教育的内外部关系,构建内外协同的教育治理新格局;其次,以学校内部的教育协同为重点,思考学校内各教育主体之间的互动关系,形成推动协同教育变革的校本经验;再次,以教学改进为导向,通过协同教学的研究,将学校内外的教育资源连接起来,形成以协同教学为基础,各领域相互交流,各教育主体合作的新型协同教育模式。

第二章

协 同 教 育

——教育改革的必然选择

以学校校本化的探索为基础,思考协同教育的理念和路径问题,是对学校教育教学实际问题的理性分析。

协同教育被视为一种新型的教育改革理念,需要进行系统的研究,特别是校本化的研究,以明确其内涵、价值、类型和基本规律。同时,协同教育也是一种新型的教育教学和管理方式,需要通过不断的改革创新和实践探索,形成有效的协同教育运作机制和操作策略。党的二十大关于教育的内容也提到了教育改革的重要性,强调了教育的科学性和针对性。因此,我们在实践中要进一步强调协同教育在实现教育改革目标、提高教育质量和培养学生综合素质方面的重要作用。通过研究协同教育的内涵和规律,我们可以更好地理解和应用协同教育的理念和方法,推动教育向更加科学的发展方向迈进。

从学校的角度看,开展协同教育变革的研究与实践探索,既符合教育研究的价值取向,也符合教育变革的实践逻辑。一方面,从教育研究的角度看,问题是教育研究的源头[①]。当前的教育研究特别强调问题意识,强调从问题出发设计框架和围绕问题实施研究,并强调得出指向问题解决的研究成果[②]。教育研究的真正目标在于实践的价值。只有关注和解决实践问题的教育研究才是有意义的。协同教育作为一种新的教育变革理念,需要通过适当的研究来明确其内涵和价值,并以此为基础设计解决现实教育问题的新途径。另一方面,从推进教育改革的角度看,教育改革是一个社会系统工程,总是发生在特定的社会环境中,并与社会的其他要素相互作用。顾明远先生指出,教育改革离不开整个国家改革的形势,教育改革要符合时代发展的特征和背景,其中最主要的便是国家的大政方针政策的调整和变化。除此之外,市场经济、文化传统等社会领域的其他方面都会影响教育改革,因此,教育领域的

---

① 何善亮.论教育研究者的问题意识[J].教育理论与实践,2017(19).
② 余清臣.教育研究的问题意识:实用化风险及其应对[J].国家教育行政学院学报,2018(5).

综合改革必须密切关注社会各项的改革,并与之相配合和相适应①。这也就意味着,需要在更加宏观的视角上思考教育改革的路径、策略,审视其与国家政策、经济社会发展、人才培养等的契合程度,寻求和理解其更深层次的价值与诉求。

从上述两个方面来看,笔者认为以学校校本化的探索为基础,思考协同教育的理念和路径问题,是对新时代经济社会发展状态的科学把握,是对当前社会人才培养的深刻理解,同时也是对学校教育教学实际问题的理性分析。这种研究具有深层次的理论和实践必要性。

第一节　对新时代教育改革问题的思考

任何形式的教育变革总是植根于一定的社会环境之中,总是要与社会的发展变革呈现动态的契合。探索我国的教育改革发展问题,应该树立本土意识,聚焦我国经济社会发展的宏观背景。党的十九大报告指出:"经过长期努力,中国特色社会主义进入了新时代,这是我国发展新的历史方位。"②对历史方位作出的这一新概括,不仅是一项战略性的政治考量,同时也为教育科学研究和实践提出了新的重要问题:我们应该如何从学理上阐释"新时代"?应该如何把握"新时代"的特征及其对教育改革发展的现实需求?

一、"不够平均与不够充分"是解读教育改革问题的主要维度

当前对于中国特色社会主义这一独特社会发展阶段的特征解读,多是从政治高度入手,着眼于中华民族伟大复兴的历史使命。如有学者认为,从理论与实践、历史与现实、国内与国际的结合上看,中国特色社会主义进入新时

---

① 马健生,蔡娟.教育改革是一项社会系统工程——顾明远教育改革观探析[J].教育学报,2018(4).
② 习近平.决胜全面建成小康社会　夺取新时代中国特色社会主义伟大胜利——在中国共产党第十九次全国代表大会上的报告[N].人民日报,2017-10-28(01).

代的主要特征可概括为四个方面。作为马克思主义中国化最新成果,习近平新时代中国特色社会主义思想被确立为党的指导思想。中华民族迎来从站起来、富起来到强起来的历史性飞跃;中国特色社会主义发展的新时代,也是中华民族在追求伟大复兴进程中迎来的新时代。我国社会主要矛盾发生了关系全局的历史性变化,通过推动社会的全面发展以满足人民日益增长的美好生活需要,成了新时代还需解决的紧迫问题。中国有能力为人类作出更大贡献,倡导以各国人民为主体共同构建人类命运共同体,是中国顺应时代潮流和尊重人类社会发展规律的必然选择①。

对于社会发展的另一种解读方式是审视判断经济社会的发展状态、发展特点。如有研究者认为,新常态下我国经济社会发展及治理蕴含着 6 个方面的重要特征。一是潜在增速降低,但仍然具有中高速增长潜力。二是经济发展的主要任务从数量扩张转为质量提升。提高质量并不限于产品和服务,而应是全方位的,还包括基础设施、城市建设、生态环境等方面。应当将质量提升作为新常态下引领发展的主要着力点。三是传统需求仍然具有较大的增长空间。引领新常态,需要处理好新动能与传统动能、供给侧结构性改革与需求侧潜力释放之间的关系。四是创新驱动发展的重要性空前提高。五是宏观调控面临的目标更加多元,任务更加复杂,难度也更大。宏观政策必须在保稳定、控风险和促改革、调结构之间取得平衡。六是深化改革对于推动发展仍然具有决定性意义②。引领新常态,必须把不失时机地推进重点领域和关键环节改革作为重中之重,并努力使之取得实质性进展。

我们探究经济社会发展的新特征主要是为了关注教育变革所面临的新背景和新问题。无论我们如何解读新时代中国经济社会发展的特征,始终应该围绕着我国经济社会发展主要矛盾的转变这一核心问题。这种转变必然会引发教育发展的新矛盾和新问题;如何解决这些矛盾和问题,则提供了推动教育变革的新视角和新领域。习近平总书记在党的十九大报告中,明确提

---

① 覃喆,李国泉.中国特色社会主义进入新时代的主要特征[J].中共山西省委党校学报,2019(2).
② 佚名.张军扩:当前我国经济社会发展六大特征[J].山东经济战略研究,2018(3).

出了"优先发展教育事业"的战略方针。这不仅对我国教育在新时代背景下进行了准确定位,还是对新时代我国教育发展使命的解读。明确新时代我国教育发展的特点和使命,对于准确把握我国社会主要矛盾和教育主要矛盾具有重要意义,也是改善民生、实现人民美好生活向往的必要举措,更是实现中华民族伟大复兴的时代使命。

新时代,我国社会主要矛盾已经从"人民日益增长的物质文化需要与落后的社会生产之间的矛盾"转变为"人民日益增长的美好生活需要和不平衡不充分的发展之间的矛盾"。社会主要矛盾的变化体现了国家发展的时代需求,也反映了特定历史阶段的发展脉络,关乎整体历史性的变迁。在整个社会系统中,教育系统是一个重要的组成部分,因此社会主要矛盾的变化会影响我国教育主要矛盾的变化。从人民对教育的整体需求来看,人们对"读好书"的需要已经取代了仅仅追求"有书读"的需求,成为新时代人民对教育的期望。目前,我国教育规模已经实现了跨越式的发展,建立了全球规模最大的教育体系。我国义务教育的普及程度超过了高收入国家的平均水平,新时代人民对教育的总体需求从追求受教育机会的"有书读"逐渐转变为追求教育质量,获得更优质、更充分、更均衡、更公平的教育资源的"读好书"。

从这个角度出发,可以从"不够平衡"和"不够充分"两个维度解读新时代教育改革发展的矛盾。首先,从"不够平衡"的维度来看,教育改革在不同地区、不同学校、不同群体之间存在着资源分配不均衡的问题。一方面,一些发达地区和优质学校拥有丰富的教育资源和优质的教育条件,而一些欠发达地区和薄弱学校面临着资源匮乏和教学条件不佳的困境。另一方面,城乡之间、城镇之间、学校之间也存在着教育资源分配不均的问题。这种不平衡的现象导致了教育发展的差异,限制了教育公平的实现。其次,从"不够充分"的维度来看,教育改革在教学内容、教学方法、评价体系等方面还存在着不够充分的问题。一方面,教育内容的改革需要更加贴近时代需求,培养学生核心素养和实践能力,但在实际操作中可能存在着进展缓慢、改革不彻底的情况。另一方面,教学方法的改革需要更加注重学生的主体地位,激发学生的学习兴趣和创造力,但在实践中可能存在着传统教学模式的惯性和教师能力的局限性。此外,教育评价体系的改革也需要更加注重多元评价、综合评价和个性化评价,但在现实中可能还存在着重视考试成绩和应试能力的倾向。这些转型中的教育主要矛盾及其所引发的问题意味着在新时代需要引入新的治理理念,以协同教育的思想和思维方式来寻求解决教育问题的可行途径。

二、"多元主体与协同共生"是破解教育改革问题的可能途径

随着中国经济社会的发展,推动国家治理体系和治理能力的现代化建设变得越发重要。党的十八届三中全会提出了全面深化改革的总目标,即完善和发展中国特色社会主义制度,推进国家治理体系和治理能力的现代化。这意味着党中央对现代化理论体系的内涵和外延进行了丰富和完善,并对现代化进程进行了进一步的深化和提升。这一理念的提出不仅指明了未来社会发展和变革的新方向,也为教育事业的改革发展提供了新的指导原则。具体而言,需要通过建设现代化的教育治理体系来解决新时代教育发展面临的突出矛盾和问题。

2019 年中共中央、国务院印发的《中国教育现代化 2035》明确提出,要推进教育治理体系和治理能力的现代化。积极推进教育治理体系和治理能力的现代化已成为学术界的热门话题。教育治理体系现代化是实现教育治理能力现代化的前提,因此研究教育治理体系的现代化逐渐成为学者们关注的重点。教育治理体系实际上是通过一定的规则和程序,建立与参与教育治理的各方的关系。参与教育治理的各方主要包括政府、社会和学校,关系具体指的是政府、社会和学校之间的权利义务、权力责任关系。在构建现代教育治理体系的过程中,需要解决两个根本性问题:一是确定参与教育治理的主体是谁,二是明确参与教育治理的主体之间的关系是什么样的。

(一)现代教育治理的主体:多元主体的共治

教育治理主体是教育治理体系的核心,也是推进教育治理体系现代化的

重要力量。长期以来,我国教育管理模式以政府为主导,呈现出一元主体的特征。具体体现在政府对学校内部事务进行直接管理,学校的角色变得复杂多样,导致政府与学校在职责上界限不清,学校的办学自主权受到限制。政府对社会组织参与学校治理持矛盾心态,社会组织定位模糊,专业贡献度较低;学校过度依赖政府,缺乏独立性和发展自主性。在这种以政府为主导的管理模式下,教育治理体系存在各方面的问题,制约了教育治理的现代化进程。因此,为了推进教育治理体系的现代化,需要转变为以政府、社会、学校为中心的多元主体,从管理向治理转变,形成政府、社会、学校多元主体共治的教育治理体系。

（二）多元治理主体的关系：彼此协调的共生

能否系统地推进教育治理体系现代化取决于教育治理主体之间的关系协调性,也就是说,协调好教育治理主体之间的关系是教育治理体系现代化的支柱与关键。因此,为了更好地系统推进教育治理体系现代化,需要在教育治理主体之间建构一种共生关系。共生关系彰显了相互依存、互帮互助、相互合作的特征,在教育治理体系领域内,其本质就是要促进教育治理主体（政府、社会、学校）之间的相互依存、互助与合作。第一,在政府与学校之间,政府要在思想意识上从过去的"管理"理念向现在的"治理"理念转变,在学校内部事务处理上从过去的直接管理向间接管理转变。同时,政府要改变过去在管理学校方面扮演的管理者、举办者、评估者的角色,努力扮演好规划者、服务者、监督者,履行其相应的学校发展规划、信息咨询服务、学校管理监督等职能。此外,政府要真正彻底地将教育管理权和办学自主权归还给学校,确保学校自主发展,不断激发学校办学活力,真正做到"政校分开、管办分离"。第二,在政府与社会之间,政府应该积极地搭建社会组织发展的平台,完善与规范社会组织发展的法律制度,为社会组织自主成长与发展提供广阔的空间,同时政府要向社会组织转移权力,并指导、监督和鼓励社会组织参与学校治理。第三,在社会与学校之间,不断地提高社会组织参与学校治理的能力,同时通过社会组织参与学校决策咨询、制度制定、教育教学评估等方式来提高社会组织参与学校治理的深度。第四,在学校内部以及学校间的关系上,学校要尽量摆脱对政府的过度依赖,真正理顺学校内部各治理主体(校长、中层领导、教师和学生)的权力关系,完善学校内部治理结构,真正做到民主管理、自主发展,最终实现学校"自治"①。

当用现代教育治理的视角审视协同教育时,我们自然会发现,协同教育与现代教育治理在理念、价值和追求上具有高度的内在契合性。从某种程度上说,教育治理是对传统的教育管理方式的超越,是教育管理民主化的集中体现,也是教育管理的现代化形态。其核心是以多元教育主体的"共治"追求教育的"善治"局面,形成"高效、公平、自由、有序"的新教育格局②。为了实现这样的目标,一方面要从外部理顺教育的权责关系,明确政府、学校、家庭、社会等不同教育主体的教育责任,形成各主体共同参与的学校治理新格局;另一方面,也要不断提升学校内部治理能力,不断完善和调整学校内部的组织机构或治理结构,建设现代学校管理体制,积极鼓励教师和学生参与学校治理③,进一步理顺学校内部关系,统筹资源,形成学校发展的系统动力源。这一切恰恰也是协同教育所要追求的目标以及所依赖的方式。因此,可以认为,构建现代化的教育治理体系与推进协同教育密不可分。新的教育治理理念为协同教育提供了理论支持,拓展了协同教育的内涵和外延,赋予了协同教育在新时代的责任和使命。协同教育则为建设现代化的教育治理体系提供了可行的思路和方式。协同教育整合内外部教育资源并有效运用,正是现代学校治理体系建设的重要组成部分。因此,我们应该在协同教育理念下进行学校治理的变革和创新研究,思考如何在学校教育环境中实施协同教育,以应对社会发展的新需求和教育变革的新挑战,符合教育治理现代化建设的趋势。

---

① 刘冬冬.教育治理体系现代化:内涵与路径[J].江苏教育,2020(2).
② 褚宏启.教育治理:以共治求善治[J].教育研究,2014(10).
③ 刘冬冬,张新平.教育治理现代化:科学内涵、价值维度、实践路径[J].现代教育管理,2017(7).

第二节 对新时代人才培养改革的分析

学校教育的核心目标是培养人才,无论进行何种形式的教育改革,最终都应关注人才培养。尽管学校根据其定位和理念的不同具有不同的特色,但这些特色必须建立在社会经济发展对人才培养的普遍需求之上。现代社会对人才的需求趋向于多元化,重视综合素养。目前教育领域普遍倡导以德育为导向,培养核心素养,采用综合教育的方式。这似乎已成为教育领域的共识,而这种共识本质上也要求教育需要进行有效的协同;只有通过有效的教育协同,才能真正建立符合时代发展需求的学校人才培养模式。

一、立德树人是我国人才培养的核心价值追求

党的十八大报告指出,"教育是民族振兴和社会进步的基石",要"全面贯彻党的教育方针,坚持教育为社会主义现代化建设服务、为人民服务,把立德树人作为教育的根本任务,培养德智体美全面发展的社会主义建设者和接班人"[1]。立德树人作为教育的根本任务越来越成为教育变革的核心指向,成为人才培养的核心价值。在这种价值导向下,学校不仅要传授知识、培养能力,还必须切实把社会主义核心价值体系融入教育全过程,并转化为学生的自觉追求。

"立德"即树立德业,强调要有所"立"。有所"立"就必须有所行动、有所实践,也是"德"本身的应有之义。同时,行动之后还要有成效、有成就,要对国家、对他人有所贡献。注重对学生品德的教育是中国教育的良好传统。孔子很注重教人努力有所"立"以求不朽,王阳明也强调要"成德"。在学校中学习,或长于礼乐,或长于政教,或长于水土播植,但首先要在"德"上有所成就。"立德"意味着我们首先应该作为一个人而活着,应该有志向、有尊严、有成就

---

① 许武.立德树人是教育的根本任务[J].中国高等教育,2013(1).

地活着。个人要克己修身,德行高尚,追求人生之不朽;对社会、对国家,要能够担当道义,仁爱民众,为后世树立做人的榜样。"立德"可以说是中国人做人的根本旨归,必然也成为人才培养的首要价值导向[①]。立德树人所倡导的"立德",意味着全员、全过程、全方位的道德教育观念。在这种理念下,学校教育中的任何组成部分都应赋予道德教育的价值。德育学科教师应发挥主要作用,提升课程教学的有效性,探索有效的实施方式;其他学科教师应具备育德意识和能力,在教学过程中充分利用学科的道德教育资源,引导学生在学科知识学习的同时培养其思想道德;学校应系统整合校内外的道德教育元素,丰富道德教育活动,通过真实体验提升学生的道德修养。总而言之,立德树人的"立德"强调跳出单一的德育教育视角,审视和重构道德教育问题,特别是整合各种德育教育元素,提升道德教育的有效性。这一切都需要协同教育的理念。因此,只有运用协同教育的理念,才能更好地整合校内外的德育元素,建立有效的"立德"联动机制,培养学生必备的道德素养。

我们教育要想培养出能够真正立足于社会的人才,就不仅要"立"其德,使其根正,还要"树"其人,构筑起合理的知识框架,使其具备在某一专业领域胜任某项工作的素质和能力。"立德"强调的是人之为人的根本,"树人"强调的是人才培养目标的全面性,将两者结合在一起,才能形成符合现代社会需求的人才培养目标体系。在立德树人的人才培养体系中,有三个层次的目标要求:第一个层次要求的是培养有德之人;第二个层次,是使其具备某一个专业领域的合理的知识结构,以及与之相关的基本素质和能力;第三个层次,是根据学生个人的兴趣、爱好、禀赋、倾向,培养其具有鲜明个性特点的专长——这一层次属于个性化设计[②]。小学阶段是生命成长的重要基石,学生需要在多样化的教育供给中充分体验教育的魅力,努力塑造和提升自己的完善人格和综合素养。小学教育应关注未来社会对复合型人才培养的需求和学生全面发展的现实需求,积极整合校内外的资源,推动教育服务的改革。

---

① 刘娜,杨士泰.立德树人理念的历史渊源与内涵[J].教育评论,2014(5).
② 同上。

然而,在这一过程中,若缺少教育主体之间的有效协同,人才培养难免会出现得过且过的情况,学生的全面发展和综合素养的提升也难以真正实现。因此,要真正实现以立德为基础的"树人"目标,就需要运用协同教育的理念,有效开发和利用教育资源,为学生成长成才提供丰富而优质的外部支持。

二、核心素养是 21 世纪学生发展的关键要求

在当前的国际教育改革中,核心素养的重要性越来越被人们所关注。核心素养的提出是基于全民终身学习的理念,旨在培养具备适应 21 世纪经济社会发展的全球公民。

核心素养的研究始于经济与合作发展组织(OECD)1997 年启动的"国际学生评估项目"(Programme for International Student Assessment,简称 PISA)。该项目认为,学生在完成基础教育后应该获得成功参与社会所需的核心知识与能力。为了客观评定各成员国学生的知识与能力水平,提供适切的评价框架,OECD 进一步推动了素养定义和选择项目(Definition and Selection of Competencies Project,简称 DeSeCo)。这一举措旨在帮助各国对素养进行更准确、更具实践性的定义,并提供相应的评估工具,以便更有效地支持学生的综合能力发展。该项目于 2003 年发表的最终报告《为了成功人生和健全社会的核心素养》,标志着 OECD 核心素养框架的完成。随后,欧盟参照 OECD 所研制的核心素养框架,于 2006 年在教育与培训领域推出了引领终身学习的核心素养框架。美国 21 世纪技能合作组织也于 2007 年发布了引领 21 世纪技能融入中小学教育的"21 世纪学习框架"。该组织认为"在核心知识学习的背景下,学生还必须学习在当今世界获得成功必备的一些技能,如批判性思维、问题解决能力、交流与合作能力"。这实际上构成了核心素养体系的雏形。

受国际社会核心素养研究潮流的影响,我国于 2013 年启动了"基础教育和高等教育阶段学生核心素养总体框架研究"项目。2014 年 3 月 30 日出台的《教育部关于全面深化课程改革落实立德树人根本任务的意见》中正式提

出"核心素养体系"这一概念,并将其置于深化课程改革、落实立德树人目标的基础地位。2016 年 9 月,中国学生发展核心素养课题组以"全面发展的人"为核心,从文化基础、自主发展、社会参与 3 个方面界定了学生应该具备的人文底蕴、科学精神、学会学习、健康生活、责任担当、实践创新六大素养。核心素养被界定为学生应具备的、能够适应终身发展和社会发展需要的必备品格和关键能力,从学生学习结果的角度描述了未来社会所需要的人才规格,成为进一步深化基础教育改革,推进课程建设与教学改革的切入点。从这个角度来看,核心素养提供了一个符合未来社会需求的人才培养目标体系,与国际人才培养趋势相符。它对于设计学校的教育目标,并促进教学理念和方式的转型,具有直接的借鉴价值。应该指出的是,"核心素养"作为一种新型的人才培养理念,作为教育"培养怎样的人"以及"如何培养人"这一问题的最新理解与应答方式,其所呼唤的应是学校教学与管理理念和方式的系统变革。

如何将核心素养从一套理论框架或者育人目标体系,转化为具体的教育和社会活动中的实践,并真正发挥其育人功能和价值,是教育领域面临的重要挑战。不论是着眼于核心素养本身内涵的复杂性,还是着眼于核心素养对于人才培养目标建构的整体性,我们都需要通过协同教育的开展落实核心素养培育导向的人才培养改革。

一方面,从核心素养内涵本身的复杂性看,虽然各国际组织与政府在核心素养的具体表达方式上存在差异,但其思想是共通的,都重视公民的关键的、必要的、重要的素养,都强调核心素养的获得是一个持续的、终身的学习过程,都认为学生的核心素养应该是一种综合的素养,有着多个维度的要求。经合组织、欧盟(EU)和联合国教科文组织(UNESCO)三大国际组织的三大核心素养指标框架涵盖了传统的涉及人全面发展的指标以及 21 世纪素养所涉及的指标。按照对人全面发展的要求,三大指标框架均涉及德智体美等指标,可以分别归纳为品德素养、学习素养、身心素养和审美素养 4 个维度,共包含 11 个指标。21 世纪素养的指标可以分为认知和非认知两个维度,共包含 8 个指标(见表 2-1)。可见核心素养体系是一个复杂的体系,涉及学生多个维度能力和素质的培养,而这些能力和素质的培养显然不是某一学科、某一单一的教育活动就能够实现的。树立核心素养培育导向的人才培养观,就是要打破学科的界限,着眼于人的整体发展需求,整体性地重塑学校教育的人才培养体系,发挥不同学科、不同课程、不同教学资源的协同育人价值,以丰富的教育供给,特别是课程和教学供给,支撑学生多维度能力和素养的培养要求。

表 2-1 三大国际组织核心素养框架的指标分类①

方面	维度	指 标	指 标 描 述	国际组织		
				OECD	EU	UNESCO
全面发展	品德素养	公民意识	具有行使公民权利的能力,道德判断和社会正义伦理的观念,保护权利和利益	√	√	√
		尊重与包容	尊重、接纳、理解和关爱他人,具有同情心,能够理解、尊重和包容人与事物的差异性和多样性	√	√	√
		环境意识与可持续发展思维	能够关心、理解自然与生态环境,具有可持续发展的未来观,理解未来社会是建立在生态、经济、社会文化可持续发展基础上的,具有环保与节约精神			√
	学习素养	数学素养	能够理解数学概念,运用数学知识和数学思维解决日常生活中的各种问题	√	√	√
		科学素养	具有科学精神,掌握科学知识,运用科学知识,确定问题和得出具有证据的结论	√	√	√
		母语能力	通过听、说、读、写等形式,运用母语进行理解、表达、解释、互动等方面的能力,尤其是语言综合运用能力	√	√	√
		外语能力	有效地运用外语进行交流、阅读和写作的能力	√	√	
		学会学习	个人根据自身需要,独立或与小组合作,具有开展和组织自身学习的能力、方法以及机会意识	√	√	√

---

① 林崇德.21 世纪学生发展核心素养研究[M].北京:北京师范大学出版社,2016:56.

续　表

方面	维度	指　标	指　标　描　述	国际组织		
				OECD	EU	UNESCO
全面发展	身心素养	身体健康	具有健康的生活态度、生活方式和行为习惯,保持身体健康发展。具有安全意识,爱护自己			√
		心理健康(自我管理)	自尊自爱,积极主动,能够恰当地管理自己的情绪和行为,养成自律、自省的习惯;能够坚强地面对挫折,有积极的情感体验	√	√	√
	审美素养	审美素养	能欣赏与享受艺术作品及表演,并借助与个人天赋相一致的手段来表现自己的艺术才华,愿意通过艺术上的自我表达和对文化生活的持续兴趣来培养审美能力		√	√
21世纪素养	非认知品质	沟通与交流能力	能够有效地与他人进行沟通与交流,并与他人建立良好的关系	√	√	√
		团队合作能力	能够与团队合作以完成共同目标,能够有效地管理与解决冲突	√	√	√
		国际意识与全球化思维	能够积极理解和欣赏世界各地的历史文化;能够以开放的、多维的思维方式看待世界,具有全球视野		√	
	认知品质	问题解决能力	合理地思考和分析问题,有效地按照问题解决步骤处理和解决问题	√	√	√
		计划、组织与实施能力	在复杂的大环境中,基于目标进行规划与组织,并严格执行	√	√	
		批判性思维	能够对各种问题、现象等进行反思和质疑,发现问题所在,具有批判精神和批判技能	√	√	√
		创新素养	具有主动进取的探索精神和好奇心,能够提出和实施新的想法,具有创新和冒险精神	√	√	√
		信息素养	能够运用信息通信技术有效地获取信息、分析评估信息、应用信息等方面的能力;遵循信息获取和使用的道德或法律规范	√	√	√

另一方面,在当前的国际教育改革中,核心素养对于人才培养目标的构建具有整体性。作为课程和评价的概念,核心素养构建了一个完整的人才培养目标体系。从抽象到具体,核心素养可以分为3个层次:顶层是教育目的,中层是学科育人目标,底层是课堂教学目标。这3个层次的目标逐渐具体化,形成了一个完整的课程育人框架,同时也展示了课程育人的复杂性和专业性。在我国确定了"培养德智体全面发展的社会主义建设者和接班人"作为教育顶层目标的前提下,更需要思考如何培养人才,也就是学科课程育人。因此,从核心素养的角度来思考教学改革,一方面是要明确核心素养在教学中的价值,另一方面要依托学科教学,培养学生的学科素养,从而真正将核心素养的培养融入学科教学中。这也意味着核心素养导向的课程和教学变革不是对某一学科或某一单一活动的细节修补,而是从课程理念和目标的层面开始,贯穿到具体的学科教学和课堂教学中。这需要树立核心素养的价值导向,运用整合思维和协同思维,以共同的目标为基础进行有效的关联和合作。可以说,如果缺乏课程、学科、教师以及其他教育相关主体之间的有效协同,核心素养的培养目标就会缺乏现实的支持,也难以在教育实践中真正得以实施。

三、"五育融合"是新时代我国教育的特色标识点

2018年全国教育大会上,习近平总书记首次提出要"培养德智体美劳全面发展的社会主义建设者和接班人",明确了德智体美劳"五育并举"的教育方针及其时代要求,特别强调了培养社会主义建设者和接班人要做到"六个下功夫"。习近平总书记关于人才培养的这一重要论述为今后一个时期的教育改革创新提供了根本遵循,后续相继出台的《关于深化教育教学改革全面提高义务教育质量的意见》等一系列文件,则继续强化了"五育并举"的理念,强调建构高水平的育人体系,实际上彰显了我国当前教育改革的核心价值取向。

落实"五育并举",并不是单纯地搞好德体智美劳5个方面的教育,而是要

以整体性的视角统筹这 5 个维度,推动"五育"的融合发展,进而构建起人才培养的健全体系。因此,与"五育并举"相配套的另一个重要概念就是"五育融合"。当下,从"五育并举"到"五育融合",已经成为新时代中国教育变革与发展的基本趋势。这一趋势的出现与"育人"问题的讨论有关。在"育什么人""为谁育人"等已然明晰的情况下,"怎样育人"及如何提升"育人质量",成为未来中国教育改革急需回答的重大问题。提升"育人质量"的路径多种多样,其中"五育融合"是最值得关注的发展方向和路径[①]。"五育并举"和"五育融合"概念的出现意味着一个全新的教育体系正在形成,一个新的教育机制正在逐渐建立,一个教育新时代即将诞生。这个新时代的中国教育将以"五育并举"和"五育融合"为标志。

"五育并举"强调的是德智体美劳缺一不可,是对教育的整体性或完整性的倡导;"五育融合"着重于实践方式或落实方式,致力于在贯通融合中实现"五育并举"。如同"多元文化"和"跨文化"之间的"多"与"跨"的区别一样,"并"与"融"的主要差异在于:"并举"之"并"更多具有名词或副词的特性;"融合"之"融",主要是动词,意味着行动和实践。在这个意义上,"五育并举"和"五育融合"是理想与实践、目标与策略的关系。"五育融合"彰显了一种实践形式,即"融合实践"。这是一种独特且重要的"育人实践"[②]。这种独特的育人实践要求我们在实践中提升德智体美劳各个方面的实施效果,并探索它们之间的协同发展规律,以实现"五育"的内在逻辑关系的互通。特别是要注重运用协同教育的理念,将"五育"视为整体的人才培养改革理念,系统地融入课程、教学、管理和服务过程。使五育融合成为学校治理的方式,也是协同教育的重要目标。因此,可以认为,人才培养中的"五育融合"要求运用协同教育的思维,整合和利用指向"五育并举"的教育资源,而协同教育的有效运用为"五育"的融合提供了可能的路径和手段。

---

① 李政涛."五育融合",提升育人质量[N].中国教师报.2020-01-01.
② 李政涛,文娟."五育融合"与新时代"教育新体系"的构建[J].中国电化教育,2020(3).

第三节 对新时代学校教育问题的破解

学校的改革发展是一个前后相继的历史过程,需要相应的动力支持。现代学校的内涵发展,倡导寻找并激发学校变革的内生性动力。内生性动力指因发展主体自身具有成长愿望而产生的内部发展动力,也就是由影响主体发展的内在各因素的集合所构成的促进主体发展的力量[①]。从现代学校的组成和运作角度来看,内部动力对学校发展具有根本性和持久性的价值,应该是学校改革发展过程中特别关注的问题。在促进学校发展的内生动力中,科研工作被视为一种有效的动力源。对学校而言,能否合理确定研究项目,以项目的研究为引领,持续解决学校改革发展中的现实问题,并能够在学校的教学水平和培养质量方面取得成果,对学校的发展起着重要的决定性作用。

在虹口四中心看来,学校内部的教育教学理念和方式变革,固然需要有效对接经济社会的发展,需要契合基础教育整体发展的现实需要,但是更为重要的是要立足校本,解决自身的实践困惑。近年来,"校本"一词随着基础教育改革的不断深入,越来越多地被广大教育工作者所关注、研究、认同。它使教育界内外都深深关注学校生活,关注学校自身所面临的问题。学校管理者如果能够抓住这一众人瞩目的关键,就能根据学校内外的各种因素,脉络清晰地绘制出一张蓝图来,形成自己的办学思想、管理模式,使学校不断发展、不断进步。从这一意义上说,"校本"应该是校长带领学校走向成熟、走向特色、走向辉煌的灯塔[②],也应该成为设计学校改革发展路径的重要价值导向和逻辑起点。虹口四中心也正是通过在历史与现实的不断继承与创新中寻找关键研究项目,持续破解制约学校课程教育和人才培养的关键性问题,最终促进了学校办学品质的再提升。

---

① 徐洁.学校发展内生性动力机制探析[J].当代教育科学,2014(16).
② 赵英伟.校长的校本意识与学校发展[J].林区教学,2003(6).

一、学校发展的历史回顾

虹口四中心的发展历史,可以划分为 9 个前后相继的历史阶段。9 期主题鲜明的发展规划勾勒出了学校发展的清晰脉络。

1991—1993 年为学校第一期办学规划,即规范阶段。该阶段目标明确地提出要把虹口四中心建成一所名副其实的中心校。这一阶段由于学校刚由创建工作转入正常的教育教学活动,青年教师众多,因此主要着眼于各项常规建设,重视课堂教学规律、常规教育的探索,建立了正常的教育教学秩序及一套教育常规管理模式。

1994—1996 年为学校第二期办学规划,即特色阶段。该阶段目标明确地提出要把虹口四中心办成虹口区具有特色的中心校。这一阶段主要是通过优化美丽的校园环境、愉快向上的教学环境、丰富多彩的活动环境与和谐融洽的人际环境,来构建校园文化特色。这一时期学校还是从课堂教学入手,围绕怎样营造宽松的课堂气氛及如何提高 40 分钟效率两方面开展研究,形成了以现代化教育技术手段激发学生的求知欲,以精讲多练来提高 40 分钟效率等一套教学规程,由此学校教学质量稳步提高。

1997—2000 年为学校第三期办学规划,即示范阶段。该阶段目标明确地提出要把虹口四中心建成区一流示范校。学校提出以科研为先导,以学生个性发展为目标,进一步深化校园文化,形成物质文化、精神文化、课程文化、管理文化四维网络发展格局,从而塑造文明健康、有知识、有技能的四中心人。

2001—2003 年为学校第四期办学规划,即素质教育实验阶段。该阶段目标明确地提出要把虹口四中心建成区素质教育实验校。学校继续加强教育科研,改革课堂教学,构建学习平台,改变师生的教与学方式,深化和凸显校园文化,努力创设科学与人文相融合的环境,让学生乐于学习。

2004—2007 年为学校第五期办学规划,即素质教育示范阶段。该阶段目标明确地提出要把虹口四中心创建成区素质教育示范校。学校继续以科研为先,以课堂改革为重点,营造积极向上的人文科学环境,培养一支初步具有学习型学校特点的师资队伍和学生群体,积极探索并构建现代学校新型管理制度,把学校建设成为特色鲜明、质量一流、社会认可、学生快乐的区优质中心校。

2008—2011 年为学校第六期办学规划,即文化特质形成阶段。该阶段目标明确地提出要初步形成四中心文化特质,成为市区一流小学。学校以协同课题的研究为核心,以课堂教学改革为重点,努力创建协同、乐学、有效的课堂,培养一支具有主动学习精神和能力的师资队伍,积极探索并构建现代学校新型管理制度,发展学校文化内涵,使学校成为能学习、有活力,初步具有文化特质的市区一流小学。

2012—2014 年为学校第七期办学规划,即品牌打造阶段。该阶段目标明确地提出要继续打造协同教育品牌,深化学校文化内涵发展。学校在"协力齐心、和合共同"的理念下,营造了和谐、快乐的校园氛围。教师爱生且乐教,学生尊师且乐学,上下齐心、团结协作,从而积极创建了一所不断求进并在上海市有一定影响力的公办优质小学。

2015—2018 年为学校第八期办学规划,即品牌深化阶段。该阶段目标明确地提出在绿色指标的引领下,积极探索绿色协同教学,激发学生学习内驱力,深化协同教学品牌,凝练学校核心价值。

2019—2022 年为学校第九期办学规划,即新生态构建阶段。该阶段目标明确地提出要构建以协同文化为底蕴的教育新生态,进一步深化绿色协同教学,发展学生综合能力,提升学校发展新能级。学校全体师生协力齐心、和合共同地发展这所优质并在市里有一定影响力的公办小学。

回顾学校发展的 9 个历史阶段,不难看出,学校始终将课程与教学改革视为推动学校接续前行的"牛鼻子",通过关键问题的着力解决,继而促发学校内部深层次的变革,如学校的规范办学问题、学校的特色发展问题、学校的课程建设问题、学校教学方式的变革问题、人才培养问题、学校内涵发展问题等。由此看来,着眼学校未来的发展变革,也应该把握关键问题,通过核心项目的引领推动学校内涵建设的再提升。

二、学校发展的现实分析

从一个更宏观的角度来看,学校的发展可以被理解为学校逐渐扩大规模、增加复杂性、从低级朝着高级方向转变的过程。这种发展过程反映了学校积极成长、变化和进步的过程。学校发展本身包括十分丰富的内涵。从发展的主体来看,学校发展可以指学生的发展、教师的发展、学校领导团队的发展;从发展的具体内容来看,学校发展可以指学校的硬件与软件的发展;从发展的方式来看,学校发展可以归纳为学校规模化发展与内涵式发展;从发展的性质来看,学校发展则可能包括渐进式发展与跨越式发展[1]。但是不论从何种维度理解发展,都无法抹去学校发展自身所固有的实践属性和创新属性。从这一角度出发,任何学校发展都是在全面审视学校现实问题的基础上作出的创新性设计和实践。

(一) 学校发展的优势分析

办学几十年来,学校在办学规划的指引下,一步一个脚印,始终承担着自己的社会责任与担当,为实现区域教育均衡而努力。我们勇于进行教育教学改革,不断探索新的教育管理方式,使学校始终处于上海市教育综合改革的潮头浪尖,也进一步推动了学校的发展。分析学校的发展优势,我们认为主要有以下四个方面。

其一,绿色协同凝练价值。在上一阶段的学校发展中,我们提出了绿色协同教学的理念,即从协同教学的宗旨、氛围、态度、教与学方式和制度的规准5个方面进行新一轮协同教学改革试验的探索。近年来,我们努力从教育教学的各个方面落实绿色协同。在教学上,打通3类课程的通道,以培养学生综合素养为主要目标,以学生间的协同学习为主要学习方式,以学生的知识基础为认知原点,寻找可协同的教学资源,并尝试在3类课程中进行教学实施。在教育上,学校开展学生成长系列活动,尤其是四年级"红领巾小创客"

---

[1]　胡文斌,陈丽萍,陈向阳.学校发展本质分析与实践路径的构建[J].大学教育,2017(2).

的义卖活动,旨在让学生综合运用所学知识,通过组建公司、设计开发产品、创意制作、宣传、销售、献爱心等一系列活动,培养学生的综合素养,也让绿色协同教学得以升华。师生的共同努力、共同成长,使"踏实勤奋、谦和宽容、智慧博学"的学校价值观得以有效呈现。

其二,教育教学深化改革。2015年,学校参与了上海市课程领导力第二轮行动研究项目。在该项目的3年实践探索中,学校承担了3个子课题的研究,从宏观上针对学校的整体课程计划进行基于实证的完善研究,从中观上进行跨学科教学指南的编制,从微观上进行课程统整理念下的小学综合实践活动课程设计与开发。在市教研室总项目组的指引下,我们厘清学校的顶层设计,优化学校的课程框架,深化跨学科教学指南的编制,探索综合实践活动课程的设计与开发、实施、评价,并取得了一定的项目成果。校长的项目推进交流发言屡次获得市总项目组的好评。2018年,学校又有幸参与了上海市普教所开展的院校合作项目,同样还是针对综合实践活动课程的设计与开发,进行区域内拓展延伸、辐射探索。试点至今,我们现已有两所学校、约2 000名学生参与到综合实践活动课程中。2020年学校成为上海市项目化学习实验校,并通过项目化学习的实践探索,进一步优化了学校学与教的方式。

其三,教师队伍均衡优质。在教师队伍建设方面,学校积极落实八级及以上岗位教师履职方案、新教师培养方案和骨干教师培训方案。根据各类方案以及教师个人发展规划,设立了教师发展的梯队建设指引,即"合格教师—成熟教师—骨干教师",采用分层培养、合作共赢的方式,为教师搭建学习、展示、提高的平台。学校目前所拥有的高级教师、上海市中青年教师教学评比获得的一等奖数量,以及参与中英数学交流和空中课堂录制的教师的数量都是虹口区之最。

其四,家校合作资源丰富。学校的进一步发展离不开与家长的通力合作。在家校合作中,在每个年级家委会的基础上,组建了校级家委会,并进行了职能分工,积极吸引家长力量进入学校,协助学校的教育教学管理,并做好监督保障工作。

(二) 学校发展的问题聚焦

在充分认识上述发展优势的基础上,着眼于新时代学校发展的更深层次要求,特别是在人才培养的新内涵、新格局方面,我们还存在以下几个亟待破解的重要问题。

其一,信息化教学与评价尚未铺开。信息技术赋能教育是在规模化教育的前提下实现教育多样性、个性化和教育公平的最重要、最有效的手段。我校在信息化教学与评价的工作上只是先行进行了试点工作,还没有完全铺开到所有年级、所有班级,因此在信息化重构学习环境、再造教学流程、变革评价方式上还有待提高与改进。

其二,学科特色尚需强化。近几年,各学科开展了各具特色的学科发展活动项目,如语文学科的"悦读悦心"、数学学科的"读数学、玩数学"、英语学科的"STEP INTO FESTIVALS"、音乐和美术学科的"中华民族艺术校园行"等,但学科间还存在着发展进度的差异性,有些学科的特色还不够彰显,需要在新规划中进一步深化。

其三,学生能力培养的方式还需进一步多元化。在人工智能时代,我们将更注重培养学生的批判性思考力、创造能力、创新精神和创业精神,更加注重培养人机合作的能力。但在现有的教育教学条件下,学校更多采用的是面对面式的学习以及班级授课制学习,如何针对学生的不同性格、特长,制定符合他们未来所需的能力培养方案,还需要在新规划中进一步体现多元化的学习方式组合。

其四,教师发展还需个性化定制。个性化培养是指学校根据每个教师特点而采取针对性在职培养的人才培养方式。随着教育信息化的推进,为教师的个性化培养提供了技术的和方式上的可能性。例如,通过大数据,学校可以分析教师的专业倾向、教学风格和特长爱好等,实现个性化地制订教师培养方案,让教师成为更好的教师,从而助力学生的学习。

(三) 学校发展的路径设计

任何学校的发展都有其核心价值,都有其特别基因。这种特别基因既是学校个性文化的核心表达,也是促进学校特色发展的有效载体。的确,文化是一所品质学校不可或缺的"精神之钙"和最本质的内涵。当一所学校经过长期建构积淀形成富有学校个性的文化时,学校就拥有了独具特色的魅力和持续发展的核心能力。所以,培育学校文化、彰显文化个性是品质学校管理的高级形态和品牌发展的务本之道[①],也是设计学校未来发展路径的重要逻辑起点。

协同理念是虹口四中心特有的基因。这种特质使我们在整合和探索的过程中走上了个性化学校发展的道路。针对学校当前存在的问题,我们应当根据现代学校治理的理念,进一步发挥协同教育的优势,通过优化和创新学校治理体系,以整体性的方式解决问题。这是当前背景下学校创新发展的核心路径。

学校发展路径的设计并非随意为之。基于现代治理理念的协同教育变革思路,既符合社会发展的整体环境,也适应了区域教育改革发展的实际情况。如今,绿色生态已成为教育界的趋势,强调在教育相关的资源服务、学习活动、教学活动、评估研究和教育管理等方面实现绿色共生,同时注重制度机制、技术环境和教育治理之间的生态共生。另外,2019年《上海市教育委员会关于推进本市紧密型学区和集团建设的实施意见》提出,将通过统筹编制、盘活存量等方式,在师资流动方面形成干部和教师有序流动的制度,并将学区和集团内的交流轮岗经历作为提任校级干部的重要因素;推动学区和集团内的教研融合,建立学区和集团教研组或备课组,以搭建优质课程资源共享平台;在治理体系方面,建立学区和集团常设协调管理机构,以增加组织的紧密度。因此,作为虹口四中心教育集团的核心校和思同教育联盟的领衔校,学校发展的平台更加广阔。更多有志的教师将能够在集团或教育联盟中发挥专业特长,为学生提供更多跨校的课程和学习活动。

学校组织架构的扩大,必定会给学校带来新的挑战。因此,面对新形势,

---

① 杨景华.探寻学校文化基因的个性图谱——学校文化个性化的内涵解读与理论分析[J].教育科学论坛,2018(31).

如何确定未来发展的整体思路、做好学校变革的顶层设计,是我们在新时代面临的重要问题。要解决学校办学中的各方面问题,必须以现代教育治理的理念为引领,努力构建以协同文化为底蕴的教育新生态,通过学校治理体系的不断创新,提升学校发展新能级,努力实现学校办学在新时代的飞跃。虹口四中心建校以来,"协同"一直都是学校的价值核心。《说文》中有言:"协,众之同和也。同,合会也。""协同"就是指协调两个或者两个以上的不同资源或者个体,一致地完成某一目标的过程或能力。在如今教育综合改革趋势下,对学校来说,将内部资源能力变成外部价值创造是最根本的变革。在集团化、学区化办学的背景下,更需要区域内学校协同一致、共赢共荣。"协同",先有"同"才有"协",即当大家有了共同的使命和方向之后,就不再依靠行政命令,而是自然而然地同步起来。在同步的过程中,教育的"协同生态"便也逐渐形成了。

着眼于学校治理的优化和现实问题的解决,我们设计了如下的学校整体发展变革思路:

其一,注重顶层设计,厘清横纵关系。要想更好地构建"协同"新生态,便需要找到一个发展突破点。对于四中心而言,便是不断深化学校的协同教学,让它跟上新形势、新技术,从而满足更多学生的学习需求。

其二,注重横向发展,以学生为轴。所谓横向发展,便是跨学科构建生态,形成闭环。其形成的唯一标尺便是学生的学习需求。例如,在协同教学中所寻找的协同资源点,便是形成闭环的起始点。我们可以根据这个点,拓展到所涉及的其他学科。同时在课程落实上,着眼于学生的能力发展,继续凭借"协同学习"这一方式,让学生获得互惠学习。

其三,注重纵向发展,以整合为尺。所谓纵向发展,就是整合集团、联盟、社会教育资源,构建教育新生态,形成闭环。其形成的唯一标尺就是资源整合的效率。例如,在基于协同教学指南的综合实践活动课程开发中,我们可以整合集团的,甚至是联盟的力量进行一同开发与设计。这将是一个教育大趋势。所有学校一同联动起来了,整个生态才可能发展起来。

基于上述分析,学校将依托现代教育治理理念,着力思考协同教育为支持的学校治理体系变革,进一步发挥学校原有的"协同"文化基因,推动学校内外部治理能力的不断提升,不断构建协同新生态,提升发展新能级,切实解决学校存在的各方面现实问题,推动教育质量和人才培养水平的不断提升。

第三章

协 同 管 理

——夯实学校治理的运行基础

协同治理的理念是对传统学校管理观念和方法的创新。实现学校
内部治理的美好图景需要实际行动而非仅仅停留在想象中。

教育治理是指国家机关、社会组织、利益群体和公民个体,通过一定的制度安排进行合作互动,共同管理教育公共事务的过程。在党的二十大报告中,提出了构建现代教育治理体系的目标,强调提升教育治理能力的现代化建设。为了实现这一目标,学校教育需要着重解决两个问题:一是要抓住政府权力下放带来的变革契机,以学校作为教育治理的主体,自主设计学校的整体改革发展,充分展现学校的价值和责任;二是要进一步理顺学校的内外部关系,协调师生、家长、社会等教育主体之间的关系,形成各教育主体共同关心教育、共同参与治理的良好局面。

　　相较于传统的管理方式,教育治理的优越性在于多元主体的民主参与。在教育治理的框架下,各种不同的教育利益诉求能得到充分表达,教育决策、教育政策与教育立法都能得到充分讨论与论证,并从政治生态上消除了人治显性或者隐性存在的可能性。因此,教育治理具有显著的民主化、法治化、理性化(科学化)特征,是教育管理现代化的重要表现。在教育治理体系中,国家机关、社会、公民不是对立对抗关系,而是致力于共赢善治的联动合作关系①。

　　从学校实践的角度来看,学校的内部治理和教育治理已经建立了一定的政策、实践和研究基础。推进教育治理与过去的教育改革思路是一脉相承的,与简政放权、教育行政职能转变、建设现代学校制度等是一致的。这意味着学校内部治理体系的改革创新并不是否定过去的学校管理经验,而是要真正根据现实问题,基于治理的理念,实现不同教育主体之间的有效协同,发挥不同教育主体和不同教育元素在学校发展和人才培养过程中的协同价值。

---

① 褚宏启.教育治理:以共治求善治[J].教育研究,2014(10).

协同治理的理念是对传统学校管理观念和方法的创新。实现学校内部治理的美好图景需要实际行动，而非仅仅停留在想象中。要推动学校治理创新，首先需要建立有效的协同治理机制。其中，明确学校办学的核心价值、共享学校发展的未来愿景、完善学校内部治理的制度建设，以及推动与时代发展相适应的治理方式创新，都是至关重要的。

第一节　特色文化：学校治理变革的内生力

优化学校治理的核心要义在于汇集不同教育主体的教育合力，共同推动学校的内涵发展和品质提升。要形成这一共治的局面，学校教育共治的主体必须要有共同的精神和信仰作为支撑。作为一个正式组织，学校的发展依赖于组织成员的知识积累和观念创新。这些知识和观念通过组织成员的内化，进一步转化为学校向前发展的动力。另外，我们应该看到，现行社会正处于一个转型剧烈、新旧观念冲突的时代，学校要想成功，必须注重学校文化的建设，而学校文化建设的根本就是一所学校核心价值观的形成和确立。学校的核心价值观是学校的所有成员对学校各方面（包括学生、教职员工、学校制度等）进行判断的价值标准，是一所学校具有强大凝聚力的根本[①]。因此，在协同教育的理念下推动学校治理体系的优化，首要的工作是进一步凝练学校的特色文化，形成学校治理主体的共有价值观，以此作为他们共同参与学校治理的精神引领。

一、教育哲学：学校治理变革的思想引领

一个组织的健康持续发展离不开信仰驱动。行动的背后必定有哲学，实践的深处必定有思想。如同企业有经营哲学，学校也有教育哲学。

---

① 袁立新.学校核心价值观的问题与对策——也谈校长的价值判断和治校思想[J].中国教育学刊,2013(S4).

学校教育哲学是从学校的办学实践中抽象出来的,涉及学校各种教育活动的总体思想观点。它是最高层面上指导学校办学的思考模式,包括处理学校各种利益关系的价值观和方法论,以及对学校文化的核心概括,并融入课程体系、运行模式、学校制度和教育方法等方面。一旦形成,它会渗透学校的各项工作中,从而提高学校的凝聚力和归属感,有助于形成学校的特色和品牌。一般来说,每个学校都有自己独特的教育哲学。它通常用简洁而富有哲理的语言概括,并通过校训、校徽、校歌等形式进行形象表达。

对于学校教育哲学的构成,此前学者们都是将企业经营哲学的概念加以引申,认为它由使命、愿景和价值观三者组成,具体回答组织的3个关键问题,即"为何追寻""追寻什么""如何追寻"。对此,笔者有不同的看法。相对于企业常用的"价值观",学校中更喜欢用"理念"来表达。而"使命"是指一个组织存在的根源和理由。对于学校来说,其使命就是育人。通过这样的转化,我们可以认为,学校教育哲学是学校共同体的教育信仰,主要回答"办什么样的学校""怎样培养人""培养什么样的人"等关键问题,包括发展愿景、办学理念和育人目标。其中,发展愿景侧重办学理想;办学理念侧重教育本质;育人目标侧重人才规格,是学校教育哲学的核心和关键。

总之,学校教育哲学需要回答学校教育的目标与价值问题。学校教育哲学强调在发挥学校利益相关者集体智慧的基础上开展顶层设计,提炼学校的发展愿景、办学理念和育人目标,形成学校共同体的教育信仰[1]。这种共同的信仰一旦形成,就会产生强大的精神引领力量,成为凝聚学校治理主体共识,汇聚学校治理主体力量的内在强大力量。因此,着眼于现代学校治理体系的建构,学校应该下大力气建构学校的核心教育哲学,形成永恒的精神力量。

二、学校精神:学校持续发展的动力源泉

在管理领域有一句名言:"对于没有明确航向的船,任何风向都是逆风。"

---

[1] 项红专,唐琼一,黄芳.名校长的重要职责:凝练学校教育哲学[J].中小学教师培训,2019(8).

学校精神对于学校的发展方向起着决定性的作用。它是学校文化的核心,也是学校的灵魂。然而,学校精神的形成并非一蹴而就,而是需要长期的积累和培育,需要通过从外到内、由量变到质变的过程来实现。在学校的规划和实施过程中,我们更加注重学校精神的塑造。

作为虹口四中心,我们必须配得上这个中心校的名称,尽管现在没有"中心"的概念,但在人们心中"中心"还是一个优质的符号,我们必须承担为社会提供优质教育的责任。要达到这个目标,必须要有一种精、气、神,要有虹口四中心特有的精神。

所谓"精",就是一种全体教职工对理想信念目标的认同和追求。我们的目标是争创一所在全市乃至全国有一定影响力的优质品牌小学,因此我们的愿景是创建一个"校园温馨、课程多元、资源融合、成果卓越"的优质公办小学。正因为每个师生对目标与愿景的高度认同,在思考提炼中我们才形成了学校的核心价值观:踏实勤奋,谦和宽容,智慧博学。

踏实勤奋——是一种态度,是一种境界,是行事的哲学;

谦和宽容——是一种气度,是一种风格,是做人的哲学;

智慧博学——是一种追求,是一种价值,是育人的哲学。

有了共识,就要有策略。为此,我们提倡"协力齐心,和合共同"的共事准则,从而抓住契机,引进市区各种教育教学活动,接待来自各地的校长团队,参加各种评审活动,提高教学质量。在大家的努力下,学校的荣誉越来越多,声誉与日俱增,虹口四中心成为老百姓向往的小学。师生精神振奋,充满自豪,学校生机盎然。

"气",就是底气。为此,我们认真开展教师校本研训,加强教师师德学习、技能培训,特别是以科研促教改,研究课堂,研究教学,努力让每个教师在素质教育改革过程中,能自如应对如今的教育教学改革。我们通过多种平台,开展"衣食住行"活动,开展学生社团活动,不断激发学生学习积极性,让学生会学习、能学习、学得扎实、学得快乐。为此,虹口四中心的孩子在升中学时,都有一定的底气,有竞争力。

"神",就是一种充满自信的神态。要获得这个神态,就必须营造公平、公正的学校环境,努力帮助每个职工获得成功。为此,在虹口四中心,我们强调规范管理,以教分制评价教师,强调日常的教育教学,体现多劳多得、优劳多得的分配体制,使每个教师在学校里有了一个自我展示、公正评价的环境。当然,我们更注重让每个教师在虹口四中心有发展空间,相信人人都能行,倡导人人都可以获得成功,以此来增加每个人的底气和自信度。每一次区级教学比赛,我们总会推出新人,一遍一遍辅导、"磨课"、说课、听课、评课,不厌其烦,最终我们收获的不仅是奖项,更是干群之间的感情和一种信任。因此即便学校的教师们付出的远远多于获得,但他们依旧眷恋学校,神采奕奕,一片阳光灿烂。

"精""气""神"推动了学校的校风建设,锻造了学校的精神,也成为学校持续发展的原动力。

第二节 科学规划:学校治理的发展追求

学校发展规划的制定是一项系统工程,涉及学校内外部的诸多要素,包括学校所处区域的社会、经济、文化背景以及学校自身的历史、文化传统。学校管理者在构建学校文化发展战略时必须重点关注这三类问题:第一,学校文化的地位和内外环境如何,如何对变化中的环境作出反应并积极促成学校文化的革新;第二,建设怎样的学校文化,战略目标是什么;第三,怎样才能达到预期的目标,应如何配置各项文化资源、实施怎样的战略对策[①]。这些不仅是科学制定学校发展规划的关键问题,也是优化学校内部治理的关键问题。

从虹口四中心的实际情况看,我们认为,学校变革发展的核心文化就是

---

① 史根林.学校发展规划问题及其突破路径——以学校文化发展战略为基点[J].中国教育学刊,2009(8).

"协同"。在发展规划制定的过程中进一步弘扬协同教育的理念,系统梳理学校发展面临的优势、问题、机遇和挑战,谋划和布局未来学校发展的路径,是让学校治理体系科学化的重要策略。

基于上述认知,学校以"构建协同新生态,提升发展新能级"为主题,进行了第九轮学校发展规划,预设了学校3年发展的核心问题和基本路径,也为学校治理的优化提供了落实的载体。

一、育人目标:学校改革发展的核心使命

学校目标管理一方面是指学校建设的近期规划,即要在学校的发展规模、教师水平和管理水平上有什么样的变化,达到什么样的要求;另一方面指学校教育教学等各项管理工作要达到的目标,以及学校各项管理活动的措施和要达到的标准等①。科学的发展目标制定,不仅有助于在学校治理的过程中找准办学定位,而且能够为学校各项事业的发展提供导向、引领和检验标准。学校在科学分析学校办学历史与现实的基础上,融入优化学校治理的系统思维,制定了如下发展目标。

学校发展目标——构建以协同文化为底蕴的教育新生态,进一步深化绿色协同教学,发展学生综合能力,提升学校发展新能级。协力齐心、和合共同地发展这所在市里有一定影响力的优质公办小学。

学生培养目标——以发展学生综合能力为出发点,不断增强学生的协同意识和能力,培养一个有爱心、会学习、善协同的四中心人。

目标的制定一方面体现了我们对于未来学校发展的整体思考,另一方面也体现了我们始终把育人作为学校改革发展的核心使命。在制定目标的过程中,我们通过多个渠道征求了师生、家长、教育专家和社会公众的意见。这样做不仅是现代教育治理的内在要求,也是提高办学目标科学性的有效途径。

---

① 黄步选.目标管理与学校发展[J].基础教育参考,2015(24).

二、重点课题：课程教学变革的重要抓手

学校发展系统化思维，要在纷繁复杂的教育管理事务中寻找关键问题，把握关键矛盾。我们认为，在新时代教育改革发展的系统之中，核心研究项目的推进能为学校整体的改革发展提供引领。

近年来，围绕协同教育的开展，我们实施了一系列课程与教学变革。其中最为突出的是"课程统整理念下的小学协同教学实践研究"项目，这一项目在我校已经开展了 18 年，经历了协同指南编制、协同教研建制的过程。在第八期规划中，我们提出了"绿色协同教学"这一项目探索目标。绿色的英文即 GREEN，我们赋予了它新的含义——

G：gratification，满意（这是我们的宗旨，追求令学生满意的协同教学）

R：rapport，和谐（这是我们的氛围，营建和谐的协同课堂环境）

E：effort，努力（这是我们的态度，拥有努力向上的协同学习心态）

E：energy，活力（这是我们的教学，具有活力的协同教学活动）

N：norm，规范（这是我们的准则，依据规范的协同教研流程）

在第八期规划中，为了更好地实现这一目标，我们开展了"基于小学生协同学习的教师教学实践研究"，分两个阶段开展了探索。第一阶段即对小学生协同小组学习的研究。该阶段旨在通过对我校学生的协同小组学习研究，构建学生间的协同学习小组；通过协同学习的力量激发学生的内部学习动机，提高学生的学习兴趣。第二阶段即对基于小学生协同学习的教师教学策略研究。该阶段旨在通过对学生协同学习的进一步认识，在了解学生的学习基点上，发挥教师的主观能动性，帮助教师基于学生问题起点形成教学策略，从而促进教师改进教学设计、教学组织形式和教学方式，达到进一步减轻学生学习压力的目标。

通过实践探索，我们现已在每一次的协同教研中不断完善协同教学指南，并在课堂教学中予以落实，积累了丰富的案例。《协同教学：意蕴与智慧》一书于 2018 年 9 月由华东师范大学出版社出版。《协同教学三策》一书也于

2019 年 3 月由广西师范大学出版社出版发行。

收获成果的同时，我们也在思考不足。在这一轮实践中，我们更注重协同学习小组的建制，但是如何更有效地发挥小组的互惠学习的优势以及形成教学方式，还存在不足。同时，我们也发现将评价前置，更有利于师生明确教学目标，促进教学目标的达成度。

基于这样的思考，在新一轮的规划中，我们拟进一步深化绿色协同教学，完善协同指南和协同教研，开展第二期基于小学生协同学习的教师教学实践研究，聚焦"互惠""对话""共享"这些协同学习的关键元素，努力改变学与教方式，激发学生学习内驱力，最终期望协同教学更符合学生身心发展规律，相信此课题必将会引领学校未来发展。

（一）明确协同学习的概念

所谓协同学习，我们认为"协"的是各种资源，包括课程资源、师生与生生资源、社会资源等；"同"指的是学生以小组合作的形式共同开展互惠的学习活动。在协同学习下，学生确定共同学习的目标，通过参与同伴的分享产生了更多思考，跨学科的统整意识在学生的脑海里逐步得到提升，学生的综合能力也获得发展。对教师而言，就是要基于学生学习起点，开展教学策略的相关实践研究，在帮助学生开展协同学习的同时，提高自己协同教学能力。

如果把学习比作一棵树的话，"听""读""研"是这棵树的吸收系统。在协同学习中，学生通过同伴合作间的互听、互读、互研打下学习基础，即学习起点。"思"是处理系统，也是课堂教学的主要构建，通过把学习过程归还给学生，发展学生的思辨能力，达到互惠的协同学习。"写""说""演"是呈现系统，在协同学习中，我们发现绝大多数的学习目标都可由这 3 种行为进行表征，也便于教师通过这些行为对学生的学习进行评价评估。

（二）厘定研究框架和内容

研究目标：本研究将进一步深化基于小学生协同学习的教师教学实践研究，通过学与教方式的再改进，努力提升教师的课程开发力、执行力和评价力,促进学生的协同学习能力和综合运用能力的发展。

研究内容:其一,完善协同指南,并借助新媒体手段,建立协同点的微视频资源库,为教师协同教学提供更为科学、均衡的教育资源;其二,探索以学习评价为导向的教师协同教学策略,努力激发学生学习内驱力;其三,运用学生协同学习方式,让学生在互惠学习中获得知识,提升能力。

研究分为3个阶段。第一阶段——建立微课库,确定预期结果。在这个阶段,首先围绕"完善协同指南,并借助新媒体手段,建立协同点的微视频资源库,为教师协同教学提供更为科学、均衡的教育资源"展开,即师生需要根据具体协同教学内容录制微课,进而为教学质量均衡做好准备。其次,师生利用微课资源开展学习时,需要明确知道什么可以证明学习目标的达成,也就是如何进行学习评价。第二阶段——运用教学策略,确定合适的评估证据。在这个阶段中,主要围绕"探索以学习评价为导向的教师协同教学策略,努力激发学生学习内驱力"展开,教师根据评价要求,思考达到这些目标的证据是什么,进而通过前置学习、任务导向等教学策略的设计与运用开展实践研究活动,为下一阶段的实施做准备。第三阶段——运用协同学习,设计学习体验和教学。在这个阶段中,主要围绕"运用学生协同学习方式,培养学生在互惠学习中获得知识,提升能力"展开,即师生根据评价证据,在明确哪些表现性行为可以构成评价中所有的学与教,它与目标达成的距离又有多少的基础上,设计学生的学习体验和教学,引导学生学会协同学习,开展互惠、对话、共享的学习,最终达到评价要求,提升综合学习能力。

预期成果:形成基于协同教学指南的微课资源库;形成基于协同教学指南的前测单、任务单等学习资源;形成基于小学生协同学习的教师教学实施方式;教师的专业发展自觉提升,学生的综合能力进一步提升。

在这个过程中,学习内容主要基于协同教学指南,所运用的学习方式是协同学习与其他学习方式相混合的,教学策略有前置学习、任务导向等。因此绿色协同教学既基于前期协同教学,又是在原有基础上的深化。

三、"学与教"：学校协同发展的重点领域

在第九期3年规划中，我们将继续以"学与教"为发展的核心，在协同新生态的构建中，进一步深化绿色协同教学，以基于小学生协同学习的教师教学实践研究（第二期）为重点研究课题，运用协同学习方式，提升学生综合能力。同时与七大社团相联动，运用社团的力量，发挥学生的主体能动性，探索混龄式学习活动方式，进一步激发学生的学习积极性。在保障机制中，借助新媒体手段，以微课的形式改革教师研修模式，从而进一步激发教师的专业自觉。我们相信，只有教师、学生的共同发展，才能有效促进学校的发展，让学校朝着既定的办学目标和培养目标前行。

在规划实施中，我们着重围绕学与教领域、校园文化建设领域、学校发展保障领域等几个关键领域施力，针对不同领域的现存问题明确变革的重心和重要方法，确定时间节点（见表3-1）。

表3-1 虹口区第四中心小学规划实施重点领域发展计划

序列	发展区域	指标	评估要素	2019.02—2019.06	2019.09—2020.06	2020.09—2021.06	2021.09—2022.06
2.1.3	校园文化	校园环境	协作交互	实施	实施	实施	评价
2.2.1		学生活动	协同联动	实施	实施	实施	评价
2.2.2		教师活动	赋能幸福	实施	实施	实施	评价
2.2.3		心理建设	愉悦身心	实施	实施	实施	评价
5.1.1	学与教	课题研究	协同引领	实施	实施	实施	评价
5.1.2		教学实践	协同有效	实施	实施	实施	评价
5.1.3		学生学习	协同乐学	实施	实施	实施	评价
5.1.4		教学评价	协同成长	实施	实施	实施	评价

（一）学与教领域的发展目标与任务

其一，进一步深化绿色协同教学，构建以学习评价为导向的协同教学方

式,进一步深化协同学习在课堂教学中的运用与实施。借助新媒体手段,形成更多协同教学资源,如表3-2所示。

表3-2 学与教领域的发展规划设计(示例)

区域:学与教		编号:5.1.1		
重点:课题研究/协同引领		负责部门:科研室、分管教导		
目的:将"基于小学生协同学习的教师教学实践研究(第二期)"纳入科研管理,通过科研引领学生综合能力的发展和教师专业自觉的发展。同时,积极参加市、区教综改项目,用课题引领学校教学发展。				
任务:	实 施 时 间			
	2019.02—2019.06	2019.09—2020.06	2020.09—2021.06	2021.09—2022.06
1. 进一步完善协同教学指南,形成微课教学资源库。	√	√	√	√
2. 开展教、学、评相一致的协同教学实施方式,以评导学,以评促学。	√	√	√	√
3. 运用协同学习方式,培养互惠学习的能力。	√	√	√	√
4. 通过各级各类科研项目引领,促进课堂活力,发掘学生以及教师的潜能。	√	√	√	√
途径: 1. 坚持协同教学研究,将研究的重点落实在学生思维的回归以及协同学习上。 2. 坚持每学期两次及以上的协同教研活动,并对协同指南进行进一步的修正。 3. 每学期有主题地开展协同教学研究,进一步深化协同教学的价值。 4. 每学期的协同教学展示课有记录、有录像、有教师的完整3件套资料,以做好协同教学研究的资料整理工作。 5. 根据协同教学指南,建立协同教学微课资源库,供执教教师选择使用,同时成为教师自培的工具。 6. 开展以评导学、以评促学的协同教学实施,综合运用各种教学策略和学习方式,有效提升教师、学生的协同意识与能力。 7. 改变课堂教学组织形式,运用协同学习方式,切实做到学生会的不讲、不会的先由学生讲给学生听,共性问题全班讨论解决,使其能更符合协同教学实施需求。 8. 积累前测单和任务单资源,为今后的进一步教学研究做准备。 9. 积极参加市、区教育科研项目,在专家指导下,深化学校的科研发展,提高学校老师的科研能力。				
标准: 1. 进一步完善"协同课程统整指南"(以下简称"指南")。 2. 累积一定数量的优秀协同教学案例与反思。		评价: 1. 其他年级组教师对该年级组开展协同教研活动的评价。 2. 学校行政层面对该年级组开展协同教		

续　表

3. 协同教研活动能在协同教研制度指导下有序展开。 4. 协同课堂能充分发挥教师和学生的潜能。 5. 建立协同教学微课资源库。 6. 形成前测单和任务单系列文本。 7. 申报市、区级课题研究。	研活动的评价。 3. 区科研室对我校协同教学活动的评价。 4. 教师对绿色协同教学的评价。 5. 学生对开展协同学习小组活动的评价。 6. 市、区项目组对学校课题研究的评价。
结果：	

其二,进一步以项目研究强化学科特色建设。

以上这张表体现的是学校在学与教领域所呈现的思考。其中的"目的""任务""途径"所表述的底层思维可以理解为学校在教育教学改革中所持有的思考方式和理念。

具体来说,在学与教领域开展三年规划,我们要思考以下4个方面。

(1) 学生导向。学校关注学生的学习需求和个性发展,通过协同学习的方式提供更好的学习体验和学习成果。

(2) 教师合作。学校认识到教师之间的合作对于提高教学质量和创造积极的学习环境至关重要,通过协同学习的方式促进教师之间的合作与互动。

(3) 创新思维。学校积极探索和应用新的教育技术和工具,通过新媒体的方式创造更多的协同学习资源,提供更多样化和创新性的学习体验。

(4) 学科特色。学校注重学科的深化和特色发展,通过项目研究的方式提升学科教学水平和学科影响力。

学与教领域的规划有助于学校在教育教学改革中实现个性化发展和创造性学习,提升学校的教育质量和学科特色。

(二) 校园文化领域的发展目标与任务

其一,联动七大社团活动,尝试混龄化的学习方式,让学生在社团活动的过程中,发展自己的个性特长。

其二,进一步培养教师的专业自觉,丰富教师课余活动,让教师在校园里体悟到幸福感(见表3-3)。

表3-3　校园文化领域的发展规划设计(示例)

区域:校园文化			编号:2.2.2	
重点:教师活动/赋能幸福			负责部门:支部、工会	
目的:通过开展丰富多彩的教师工会活动,赋予教师在校园生活的幸福力,让教师更有归属感。				
任务:	实　施　时　间			
	2019.02—2019.06	2019.09—2020.06	2020.09—2021.06	2021.09—2022.06
1. 积极培育教师的专业素养与阅读自觉。	√	√	√	√
2. 丰富教师论坛的内容与形式,鼓励更多的教师走上讲台与舞台。	√	√	√	√
3. 通过开展丰富多彩的工会活动,发展教师的个性特长,提升教师的校园幸福力。	√	√	√	√
途径: 1. 每学年制定教师阅读书目,规定教师要阅读书籍4本以上,鼓励教师多读书、多思考、多写读后感,并在教师论坛上进行交流。 2. 每学期以年级组为单位组织教师读书沙龙活动,鼓励教师将自己近期所读书目进行交流与分享。 3. 在沙龙活动中,采用轮流做主持人的形式,帮助教师确立自己的阅读主题。 4. 丰富教师论坛的内容与形式,以各个协同小组形式让教师参与论坛,力争使更多的教师有走上讲台与舞台的机会。 5. 通过开发教师的个性特长,借助教师间的协同学习,或者引进外部培训,开展丰富多彩的工会活动,提升教师在校园生活中的幸福感。				
标准: 1. 教师每学年至少阅读4本书籍,其中至少包含一本专业书籍。 2. 每学期结合师德月与科教月,组织每位教师在各个教师论坛上交流自己的读书心得。 3. 每位教师一学期至少参加一次工会活动。		评价: 1. 教师阅读书籍后的读后感。 2. 教师在教师论坛中的自我评价。 3. 其他年级组对参与教师论坛年级组的评价反馈。 4. 教师参加工会活动后的评价反馈。		
结果:				

以上这张表体现的是学校在校园文化领域的思考。其背后的底层思维包括两方面思考。

(1) 学生发展。学校关注学生的全面发展,通过社团活动提供更多元化的学习机会,让学生在兴趣爱好中发展特长,并培养自信和创造力。

(2) 教师专业发展。学校重视教师的专业发展和工作满意度,通过提供丰富的课余活动和专业培训,激发教师的教育热情和创造力,并让教师在校园中感受到幸福和成就感。

这样的思维方式有助于学校营造积极的学习环境,促进学生和教师的个性化发展,并提升学校的教育质量和教师的工作满意度。

(三) 保障机制领域的发展目标与任务

其一,进一步改革教师研修模式,以微课制作、项目化研究形式进行教师梯队建设(见表3-4)。

其二,进一步提升校园环境布置,更新硬件、软件设施设备,创建绿色生态校园。

表3-4 保障机制领域的发展规划设计(示例)

区域:保障机制		编号:8.1		
重点:管理机制		负责部门:分管教导		
目的:精心修改和完善管理机制,力争做到各项制度科学合理,全面周密,可操作性强,富有激励性。				
任务:	实 施 时 间			
	2019.02—2019.06	2019.09—2020.06	2020.09—2021.06	2021.09—2022.06
1. 建立健全科学的管理机制,深化办学体制改革。	√	√	√	√
2. 深化完善绩效工资内部管理制度,提高管理人员管理能力。	√	√	√	√
3. 健全科研管理制度,深化开展八大项目探索,发展教师的科研能力。	√	√	√	√
4. 进一步形成市、区、校三级骨干教师梯队。	√	√	√	√

途径：
1. 以服务第一为管理理念，继续加强行政管理的能力，坚持每月一次的中心组学习，采用专题研讨与工作布置相结合的方式推进现代学校制度建设。 2. 不断完善岗位设置以及绩效工资分配方案，营造公平、公正的管理环境，努力调动教师积极性，发挥每个教师优势，使教师在校园内更好地获得专业发展。 3. 每年对"教分制"中的教育、教学、师德、常规4个方面进行审视，鼓励教师规范做好各项常规工作，积极探讨个人业绩与团队业绩相辅相成的考核机制，使得考核机制更能促进教师专业素质的提高，确保学校教学管理的有序进行。 4. 健全科研管理制度，鼓励教师依据个人发展规划、学科特色发展需要，以个人或组队的形式开展项目探索，提升教师教中研、研中教的能力。 5. 指导教师实现个人规划，认真落实学校教师培养计划，努力培养科研课改先锋队，加大对新教师培养力度，发挥骨干与成熟教师作用，并根据教育局要求，从专家聘请、教学支持、资源共享、资金等方面保障每位教师的发展与作用的发挥。

标准：	评价：
1. 教师对管理的满意度达80%。 2. 学校教育科研工作顺利进行。 3. 学校教师梯队建设顺利进行。	1. 观察学校的教育教学秩序。 2. 评议学校科研工作。 3. 教师对行政和学校管理的评议。 4. 教师对绩效工资分配方案以及岗位设置的评价。

结果：

表3-4中的底层思维包括以下两个方面。

（1）校园环境建设。学校关注学生的学习环境和生活环境，通过改善校园硬件设施和软件设备，创造美观、舒适、绿色的校园环境，为学生提供更好的学习和成长条件。

（2）教育创新。学校通过改革教师研修模式和提升校园环境布置，试图在教育教学中引入新的理念、方法和技术，促进教育创新和教学质量的提升。

这样的思考有助于学校提升教师的专业素养和教学质量，创造良好的学习环境，推动教育教学的创新和改革。

第三节 综合改革：学校治理的 全方位保障

现代学校治理需要对学校内外关系进行系统性重构。这个过程并非自然而然地发生，学校需要相应的制度保障，同时也需要学校领导者或领导团队提升治理意识和治理能力。现代教育治理的核心在于民主意识下的共治，建立民主化的学校管理氛围是推进学校治理的重要前提和基础。为了推动学校综合改革，提升学校管理效能，虹口四中心从领导团队能力建设、学校民主管理氛围建设和制度建设等方面着手，全方位地保障学校治理体系和治理能力的现代化。

一、行政管理：规范学校管理的制度保障

为建立起更为规范顺畅的管理制度，学校重视行政班子建设，帮助行政牢固树立服务第一的管理理念，加强行政班子的管理能力。建立行政班子每月学习制度，平均每两周召开一次行政例会，从对全国教育工作会议精神的领会、集团办学的案例到学校办学特色的创建，乃至学生阅读习惯的培养等方面，多方位地组织行政开展学习交流，贯彻党的教育方针；不断加强业务能力培训和领导水平与领导艺术培训，坚持每月一篇学习体会，用理论联系实际，促进每个管理者养成对自我服务意识和管理能力的反思习惯。

工作中，学校的行政班子成员落实"一岗双责"，即重要工作亲自部署，重大问题亲自过问，重要环节亲自协调，重要事件亲自督办。各部门履行监督职责，形成一级抓一级、层层落实的工作体系。班子成员有责任区，主动服务师生，坚持"走基层、解难题、办实事、惠民生"，每月均有服务记录。

同时根据区党工委的要求，学校加强了对优秀青年干部的培训，提供岗位锻炼，主动压担子，明确责任，让青年干部具体参与学校教育教学的管理。

抽调年轻干部参与学校的重点项目建设和推进,为他们提供锻炼成长的平台。《四中心小学优秀青年干部培养小结》获区校园长会议表彰。学校党政工 2018 年度被教育局集体记功,2022 年度获评虹口区新时代奋斗先进集体。

二、办学环境:推进学校治理的前提条件

虹口四中心在办学过程中,在追求高效管理中始终倡导规范、民主的办学环境。近 3 年,学校在参与项目、参加比赛、评选先进、绩效考核、教职工疗休养、教职工福利待遇等方面,都采用自下而上的意见征询方式,在充分尊重教职工意见与建议前提下,推进学校各项管理工作。多年来,学校管理因规范有序,连续被评为上海市文明校园。

为提升为民情怀和使命担当,校长室和党支部每学年通过书面或座谈会等形式,征集校内教师对学校各项工作的意见和建议,相关行政深入开展调研,积极倡导教师员工参与学校民主管理。对于合理化建议,学校及时采取改进改善措施。凡关系学校改革与发展的重大问题和群众普遍关心的热点问题,以及涉及教职工切身利益的问题,均扎实推进相关的党务、校务公开,将不同层面的意见,作为决策和管理的重要依据。学校行政人员的管理意识不断得到培养与提高。

三、管理制度:落实学校执行的最后关口

学校从制度上予以强化,先后对教师奖励、经费使用、安全卫生等各个方面的管理制度进行了补充完善与增订,诸如修订了《学校章程》《党组织领导的校长负责制议事制度》《教学常规管理制度》《师德奖惩条例》《学校财务管理制度》《虹口区第四中心小学绩效工资分配方案》等。

学校的管理执行力到位,任何制度的落实均建立操作流程,使所有执行者能有章可循。每周轮值的工作巡视、工作汇报,每月的工作计划、工作小结,反映了学校常规执行、师生活动、教学流程、后勤保障等制度全方位的执行情况,或表扬或批评,或奖励或提醒,保障了学校管理制度有效运转,落地有声。

第四节　集团化办学：学校治理的新模式

义务教育阶段集团化办学现象的出现，是对人民群众追求公平而有质量的教育需求与优质教育发展的不均衡、不充分之间矛盾的积极回应。集团化办学从区域教育整体发展的视角出发，以龙头学校为引领，扩大了优质教育资源在区域内的覆盖，能在最短时间内以最快速度、高起点解决区域内优质教育均衡发展的问题，实现了基础教育公平与效率的双赢[①]。从现代教育治理的角度看，集团化办学不仅是促进教育优质均衡发展的有效路径，也是优化学校治理、提升教育整体治理水平的重要方式。

近年来，随着现代教育治理理念的提出，研究者们越来越认识到教育治理和集团化办学的内在契合，集团化办学符合学校内部治理结构优化的现实需求。因此，作为一所有社会责任感的优质学校，虹口四中心借助集团化办学的契机，在传递和辐射办学经验，促进区域教育质量整体提升的同时，也在用实践探索着新型的学校治理样态。

2016 年 3 月，在教育局领导的牵头引领下，以四中心小学作为核心校，成立了虹口四中心教育集团。集团的成立让"教育优质均衡地发展，享有公平公正的优质教育服务"这一承诺成为可能。

但如何在集团建设中，既能集各家之所长、共同发展，又能让每所学校都有各自的精彩呢？我们主要围绕集团的组织运作与治理、课程共建与共享、教师交流与发展、硬件与设施共享 4 个方面寻找实践的路径。

一、以机制建设夯实集团治理的运行基础

集团成立以来，把"让每一所学校都精彩"作为集团化办学的共同追求，

---

① 张万朋,程钰琳.区域教育治理视域下集团化办学成效分析[J].清华大学教育研究,2019(4).

"以教育资源共享、课程建设共创、教师专业发展共赢"作为集团工作目标,为了充分发挥"四中心＋"的效应,集团建章立制,努力提高集团管理效益。

(一)形成集团章程,组建集团理事会

为了让集团运行能有章可循,体现现代教育集团管理的发展趋势和必然要求,参照学校章程的制定,集团内学校共同商讨并制定集团章程,成立了由两校校长、书记组成的理事会。并设立了一名理事长、一名秘书长,建立了每月一次理事长会议制度,就集团每个阶段各项工作开展讨论,形成共识,推进工作。章程还明确规定,四中心教育集团的工作任务有 7 项。其中,主要任务是集团内将以"协同教育"为工作理念,组建协同教学特色项目跨校研究小组,即创智团队,以整合课程资源,激发学生学习内驱力为目标,通过不定期的协同教研、教学研究活动、游学与游教,使协同教育理念不断深入到集团内各个学校。

(二)制定集团建设方案,形成集团运行模式

我们每学期制定集团建设方案。在资源共享方面,集团首先建立每学期聆听 1—2 次专家讲座、开展 3—4 次集团教学研讨活动和 1—2 次学生活动的制度。此外,集团还通过教师游教与学生游学制度凝心聚力,拓宽了师生的视野,丰富了校园生活,更重要的是集团资源共享逐步让协同的理念深入人心。

二、以课程教学彰显集团治理的核心价值

课程建设是集团内涵发展的核心领域和生长点。它始终依据发展的需要,在具体的集团情境中作出选择、决定、调整、适应……因此,它不是一个终点,而是一段旅程。集团以课程顶层设计为切入口,注重课程的共建与共享。

(一)课程协同设计:基于学生培养目标

2017 年 4 月,笔者领衔的"基于集团办学深化的课程计划编制与更新的行动研究"项目在集团内开展。

在该项目背景下,根据既定的研究进度,主要围绕学校课程计划的基础和课程目标结构两方面展开思考。其一,学校课程计划的基础。即编制课程

计划有哪些基础和方法？怎样描述学校的课程哲学？怎样分析学生和教师已有的课程需求和课程水平？如何分析各校以往的课程历史？如何评估可获得的课程资源？其二，学校课程目标与结构。即一个完整的课程计划包含哪些内容？如何根据上海市的课程目标和集团的规划基础制定合理的课程目标？如何设计与课程目标一致的课程结构？如何规划与课程目标一致的拓展型和探究型课程？集团课程结构中3类课程如何协调互补？

基于上述问题，我们开展了如下探索。

首先，背景分析，对已有课程计划的审视、诊断与定位。分析集团课程历史和现实背景，对集团的课程历史和现状有一个清晰的了解。关于集团课程历史的知识和经验对于我们判断当前情况下需要依靠什么和需要改变什么是有用的。我们采用了自我诊断、伙伴互助和导师指导3种策略来进行背景分析。例如，虹口四中心在自我诊断中从"让师生乐于学习"这一办学理念出发，思考学生的培养目标与办学理念的匹配性，再在伙伴互助和导师指导下进行课程计划的优化。

其次，确定目标与结构，基于教育现状调整适切目标。课程目标是教育目标在各级各类学校教育层面的具体化。在课程目标的制定中，我们进行了多次专题研究，并依托工作坊制度，采取每月一次的汇报交流。例如，虹口四中心根据学生的培养目标，确立了学校的课程目标，即"三学"：想学、会学、乐学。这3个层面的课程目标呈现递进性，因此学校便在课程结构中予以调整，以"想学"课程激发学生学习兴趣，以"会学"课程帮助每个学生学会学习方法，以"乐学"课程提升每个学生的学习品质。

再次，开展课程实施与评价探索。集团根据修改的课程计划进行了整体课程实施。在校本化实施的基础上，集团还整合优质课程资源进行共建与共享。

（二）课程协同共建：基于学生综合素养

集团建立之初，教师们组成创智团队，以综合实践活动（Integrated Practice Activity，简称IPA）课程共建为平台，共同为学生的综合素养发展作出努力。

综合实践活动课程的特色是：分科课程背景下的一种结构性突破。它不增加现有课时总数量、不改变原有各学科课时数、不减少 3 类课程原有的教学内容，以探究型课程为基体，从学生的兴趣出发，整合 3 类课程，寻找研究主题，为学生们带来学科统整的教学内容。

综合实践活动课程的目标是：以主动的姿态将猜测、观察、简单科学实验、记录、结论等活动加入课堂学习中，从而培养问题意识、探究技能和科学精神。

综合实践活动课程的实施路径如下。

其一，课程设计。开学初，团队教师便会在综合实践活动课上向学生征集大家感兴趣的上课主题，并从认识自我、认识社会和认识自然这三大领域进行主题分类。当每位教师都收集好相关内容后，我们便开展集团内的研讨活动，挑选出真正适合学生学习的内容。

其二，课程实施。在综合实践活动课程的实施中，由于在同一主题涉及不同学科的内容，因此分科课程会有意识地为综合实践活动课程提供统整资源服务，引导学生思考探索，以建立起跨学科的桥梁和立体的学科知识系统。这一课程实施体系包含以下 3 个前后相继的过程。

实施前，编制学习指南。创智团队从主题目标、主题内容、主题实施建议、主题活动评价及主题学习指南 5 个方面进行主题学习指南的设计。

实施中，开展统整活动。在具体的主题实施中，创智团队将各科资源进行统整，为学生开展丰富多彩的统整活动。

实施后，完善主题框架。主题实施后，创智团队则会将开展活动的资源进行进一步梳理，从而完善主题框架的内容，使活动资源包更丰富。

其三，课程评价。创智团队设计了综合实践活动集章卡，对活动中表现好的学生予以盖章表扬。当学生获得章的个数达到该主题的优秀等级时，教师就会将学习过程的实验操作用具借给学生，供其回家继续探究实验，从而形成对学生学习的进一步激励，同时也将学生的学习兴趣从校内延续到校外。此外,每月教师还会根据学生的集章情况,以"星愿卡"的形式对表现特别优异的学生进行额外奖励,使学生的活动积极性更加高涨。

越来越多的实践让我们感受到,集团共创的综合实践活动课程,不仅仅是知识技能的协同,更是过程方法和情感态度价值观的协同。这些协同直指的目标就是学生综合素养的提升,即从 IPA(Interest、Performance、Ability——学习兴趣、活动表现和综合能力)课程指向 IPA 发展。

(三)课程协同共享:基于学生兴趣需求

集团尝试整合各校优质课程,建立课程共享群,尊重学生崇尚自由成长的个性化、兴趣化需求,同时也满足学生自我规划和自主选择的需求。课程共享群主要涵盖六大类别——益智类、语言类、巧手类、运动类、科技类、艺术类。如,为乐于动脑的学生开设数学思维训练共享课程,每周一至周五下午放学后,集团成员校的学生到四中心小学参加三至五年级的数学小精灵班,为自己的脑力充电。

三、以师资队伍充实集团治理的人才智库

教师作为学校内部管理的核心要素,是对学生发展、教育教学改革等方面的情况体会最深刻的群体。吸纳教师参与学校治理不仅是法律的要求,还是完善学校内部治理体系、实现学校民主管理的需要[①]。在集团办学的过程中,我们通过联合教研活动、项目研究探索、集体聆听讲座等方式,充分发挥集团教师参与教育深化改革的热情和动能,使教师专业发展自觉落到了实地。

(一)自主学习:教师多元化成长的现实路径

集团注重教师专业素养的提升,通过集中开展培训和组织教师自学的方式引领教师实现多元化的成长。通过聆听专家报告和讲座,进一步提升教师对于学科育人价值和课堂教学变革内涵等深度理解。同时,集团依托各校的校本研修平台,聚焦前沿教育,引领教师关注教育新观念、新视角、新实践和

---

① 侯玉雪,杨烁,赵树贤.学校治理背景下教师参与学校管理的困境及对策研究[J].教育理论与实践,2019(13).

新挑战,从核心素养、学业评价、儿童发展等方面提升教师的专业素养和师德品质。

（二）联合教研：集团化教学质量提高的关键举措

集团成立以来,每年都会组织十余次联合教研活动。每一次的校际教研联动活动,集团都紧紧围绕高效课堂展开,通过现场说课、现场听课、学生交谈、教师交流等活动开展学习交流,并在对教材的挖掘深度、教学目标和重难点的把握、教学方法以及课堂调控能力等方面进行了深入的探讨。校际联动教研,为集团教师提供了面对面交流展示的机会,既拓展了教师的思路、开阔了眼界,又促进了集团内教师教学理念的交融,强化了校际教师的互动和经验交流,同时对四中心教育集团教学研究、教师教学水平的提升及教学质量的提高起到了一定的促进作用。

（三）共享教研：学校课程改革的动力引擎

集团在教师专业发展和课程建设上的亮点就是组成教师团队,共研教育教学项目。以2017年度为例,综合实践活动课程开发组通过面对面交流和网络交流两种形式,共开了6次课程开发与实施的推进会。在课程开发上,我们采取试点先行,累积经验再辐射铺开的策略。每个主题都先由民办四中心小学的课程开发组进行开发实施,初步形成课程资源包,再通过项目推进会辐射到四中心小学。而四中心小学课程组也在具体落实的过程中不断完善课程资源,补充学生作品,从而使主题活动更丰满,更加受到学生的欢迎。

同时集团特色"协同教学"研究同样也是以年级组为单位,由四中心小学和民办四中心小学联合举行。每学期,两所学校的教师都要在期初、期中和期末就协同点进行深入研讨,并逐步形成该学期的协同教学指南。

（四）教师流动：校际资源协同的蓄水池

集团为优秀教师建立"蓄水池",不改变教师编制,鼓励骨干教师在集团内进行柔性教学、带教流动。

如今,四中心教育集团已赫然在虹口教育的版图上拥有了特殊的坐标,909广播电台"教子有方"栏目组也曾邀请集团进行宣传介绍。在集团化办学之路上,我们将继续协同共创、携手共赢;集团将努力做到优质师资不稀释、优质教育不打折,努力发挥"四中心+"影响力,追求优质集团的格调发展,在实践中探索集团化办学过程中的新型学校治理模式,推动学校治理体系和治理能力现代化的持续建设。

第四章

协 同 育 人

—— 学校治理的价值归宿

　　从现代教育治理的视角看,要真正凝聚诸多方面的教育合力,必须抓住"孩子"这一核心问题。也就是说,只有坚持教育治理的学生立场,才能真正凝聚共同治理的多维力量。

学校治理为了什么？最终指向什么？这是在学校治理体系变革与创新过程中应该首先思考的基础性问题。在笔者看来，学生是教育活动中最核心的元素，育人是教育的最重要价值，因此，学校治理的创新最终需要落实到人才的培养之上。通过协同育人，构建人才培养的有效机制，不仅是学校办学价值的体现，也是优化学校治理的最终归宿。

当前，中国正在步入后工业化时代，同时，新科技革命和产业变革蓄势待发，创新成为引领经济社会发展的第一动力。人才作为创新活动的核心要素，成为赢得国际竞争优势的战略资源。要建设世界科技强国，实现国家富强、民族复兴，人才培养起着重要的基础性作用[①]。当前对于人才培养的改革探索，更多地集中于高等教育领域，但实际上人才的培养是一个循序渐进的过程，只有贯通各个教育阶段、联通不同教育领域，才能真正构筑起高质量人才培养的完整体系。对于基础教育而言，就是要充分发挥每一所学校的自觉性、主动性，通过富有特色的校本探索破解人才培养的关键性问题，形成人才培养改革的有效路径。为高质量人才的培养提供校本智慧，彰显学校教育的独特价值与办学使命，也持续推进学校治理的现代化建设。

第一节　弘扬基于学生立场的学校治理

教育应是有立场的，尽管很多时候我们可能对此没有察觉，也可能对此没有思考，但是这一问题真实存在。立场是认识和处理问题时所抱的态度和

① 赵兰香,王芳,姚萌.中国人才培养急需"双重转型"[J].中国科学院院刊,2019(5).

所处的地位,即"你是为谁的"。不同的立场表明了不同的态度,影响甚至决定着处理事物的方式和结局[①]。

教育应该持有什么样的立场,是开展教育治理变革乃至开展任何层面的学校教育管理活动应该首先思考的问题。对笔者而言,这种思考一直伴随着我的教书育人生涯。笔者从师范大学毕业至今,一直在虹口四中心工作,曾是一名数学教师,也曾经担任过班主任,从 1998 年开始任学校的校长。30 多年来,在和孩子们朝夕相处的时间里,每次看到孩子们那一份童真与快乐都令我幸福满满。当每个清晨,站在校门口迎接孩子的时候,总是看到家长把孩子们送到学校时的不同状态:有的孩子打扮得整洁、漂亮,孩子和家长面带微笑且从容有礼貌;有的家长和孩子则火急火燎、一脸疲惫,让人感觉没有睡醒;有的家长还不忘关照孩子说:"上课要坐坐好,不要做小动作""认真做考卷,抓紧时间""下课不要和某某小朋友去吵……"每个家长的行为折射出每个家庭的现状,也反映了家庭教育的情况。记得有一次新学期开学的时候,笔者的同事,一位初中生的妈妈,在微信群里转发了这样一条消息:"下周就要开学了,我又要和活宝过这样的生活了:不谈学习时,母慈子孝,连搂带抱;一谈学习,鸡飞狗跳,呜嗷喊叫,让路人耻笑,让邻居不能睡觉!前一秒如胶似漆,后一秒叮咣就削。我们给孩子的爱,就像是一句歌词:'爱恨就在一瞬间!'——献给所有尽职尽责的妈妈们。"这个消息体现了大量家长的教育焦虑,也带给我深层次的思考:孩子是学校、家长和社会共同关注的焦点,从现代教育治理的视角看,要真正凝聚这诸多方面的教育合力,就必须抓住"孩子"这一核心问题。也就是说,只有张扬教育治理的学生立场,才能真正凝聚共同治理的多维力量。

一、"三内涵"把握学生立场

教育是关于人的学问,教育的原点是"育人"。然而,在许多研究与实践

---

① 成尚荣.儿童立场:教育从这儿出发[J].人民教育,2007(23).

中,学生仅处于"形式上的存在",或被作为实现政治、经济、社会目的的工具,或被视为成人的附庸。结果,被承载外赋功能的个体困于教育之中,个体、社会都未能完满。因此,需要彰显学生的生命价值,使学生不再成为对象化、口号化的"词和人",改变"有教书无育人、有知识无生命"的实践样态,提倡"学生立场"已迫在眉睫。学生立场作为一种教育治理变革的重要价值基点,应该从以下 3 个方面把握其内涵。

(一)关注学生需要

生命的成长是每个个体生活中最现实的事情[①]。成长的需要贯穿于教育的全过程。认识这种需要并不断满足这种需要是教育中学生立场的最直接体现。应该指出的是,学生的"成长需要"不能简单等同于学生的"需要"。将"成长需要"等同于"需要",意味着只重视"需要",忽略了"成长",在某种意义上也意味着放弃了在学生成长道路上对其的正确引导。仅仅满足学生的喜好和偏爱,无论是对学生的发展还是对学校的发展都是不利的,对于学校变革之路更是行不通的。理解一个人不容易,认识自我意识不成熟之人的成长需要就更难。中小学生自我意识还不够成熟,就需要自我意识比较成熟的教师、领导者和管理者来清晰地认识学生的成长需要。成长需要是学生成长的内在动力,也是有效开展教育工作的立足点。只有在认识的基础上再给予充分的尊重,厘清它们和学校变革的内在关系,才能更好地开展工作。

认识了学生的成长需要之后,就需要考虑如何去满足他们的成长需要。"成长着的生命不断变化,不断努力,不断靠近理想标准,又总是不能满足,因为标准也在不断变化中。"[②]所以,成长是一个动态发展、阶段性特征的过程。学校应该密切关注学生的动态发展需求,满足他们在不同成长阶段的需要。同时,每个人都是独立的个体,拥有自己独特的成长轨迹和潜能,因此他们的成长需求也会有所不同。高年级和低年级学生的成长差异,以及同一班级学生的成长差异,都可以给我们启示。我们要理解学生的成长需求,并采取相

---

① 褚宏启.改善校长的思维和工作方式[J].校长阅刊,2007(Z2).
② 高鸿源.教育家校长的职业责任伦理与社会责任伦理[J].中国教育学刊,2010(9).

应措施来满足和开发每个学生的潜能。总的来说，要建立以学生为中心的立场，关注学生的成长需求，倾听他们的思想和行动，观察他们的表现，以满足他们的成长需求为基础进行学校变革，使每个充满朝气的生命都能在变革中获得成长和发展。

（二）尊重学生文化

一所学校内存在多种不同的文化，包括教师文化、学生文化、管理者文化、非教学人员的文化和家长文化等。不同的文化可能会对学校的发展产生不同的影响。在基础教育学校中，学生是儿童，处于成长过程中，身心发展尚不完全成熟。因此，在小学阶段，学生文化的重要组成部分应该是"儿童文化"。这将指导学校变革的方向。儿童是独特的存在，拥有不可复制的个性和生命力，是学校中的主体。学校是学生活动和学习的重要场所，为学生主体性文化的形成提供了条件。因此，在学校变革中，我们应该努力构建主体性文化，鼓励学生发挥自己的能动性、主动性和创造性，而不是让他们长期处于教师、管理者等"成人文化"的压制之下。每个社会群体都有自己的文化特点，儿童和学生群体也是如此。儿童有自己的文化和认可的规则。无论是学校教育还是学校变革，只有与儿童的本性和主体性相顺应，才能取得成效。因此，我们需要为他们提供一个空间，让他们回归儿童的自由本性和主体性，允许他们自由地思考、自由地交流、自由地创造。

（三）保障学生权利

学生的法律身份是多重的。按照一般法理，学生的法律身份主要包括自然人、公民、未成年人及受教育者[①]。各种法律身份也赋予了他们应当享有的各种权利。学生权利，就是学生享有的而且得到法律保障的权利。生活在一定的规章制度中的每个人都享有一定的权利。学生生活于学校中，受学校规章制度的制约，理应享有属于自己的权利。相比较而言，学生参与权的尊重和保障方面存在的问题比较多，需要引起重视。

---

① 申素平.教育法学——原理、规范与应用[M].北京：教育科学出版社,2009.

学生的参与权利体现在很多方面,包括参与课堂活动、参与班级管理、参与班级建设、参与学校变革等。其中,学生参与学校变革对于学校的发展尤为重要。首先,学生参与变革可以为整个变革过程注入新的动力。有关实践表明,在学校变革过程中,当学生的主动性充分发挥出来时,课堂教学和班级建设不仅会呈现出丰富多彩的状态,而且学校的文化气质也将更富有灵气和生气[1]。学生是有自己的思想和想法的。作为变革的重要主体,他们的动力作用不容忽视,对变革方案的制定和完善起着不可或缺的作用。其次,学生参与变革可以促进自身的发展。学生参与学校变革的权利某种程度上意味着责任,他们行使自己权利的同时也是在承担责任。正是这份责任意识让学生感觉到自己在学校中的重要性,也让他们有了参与变革的勇气,能发挥自己的能力,能够根据自身的需要大胆地提出对学校各方面变革的意见;他们所表现出来的权利意识和责任意识,也将使得变革中的其他力量信任他们有能力对自己的行为负责,有能力参与到学校变革的过程中来,学生的积极性也会随之提高。[2]

二、"四转变"践行学生立场

人是一种生命存在。叶澜教授指出,学校教育是社会中人们进行的一种活动,应当以人的需求和成长为中心,为学生提供全面的教育,关注他们的身心健康、情感发展和生活技能培养,从而为提高人的生命质量作出积极贡献。学校教育对个体生存方式的形成起着潜移默化的作用。在完善教育治理体系、推动治理变革的过程中,需要强调学生立场,通过多元途径使学生立场真正融入学校治理的变革中。在这个过程中,实现 4 个方面的转变是最重要的。

（一）从控制到关怀的转变

学生是正在成长的个体,起初他们没有完全发展和成熟的自我意识。在教师或管理者对学生进行管理的过程中,主要是以"控制"为主导。然而,控

---

① 李宝庆.学生参与学校变革再探[J].现代教育管理,2010(2).
② 李伟,唐圆,熊冰.学生立场:学校变革的基本价值取向[J].教育科学研究,2016(8).

制是外部力量施加的,常常具有压抑或强迫的意味。培养学生的立场应该朝向"关怀导向"发展。走向关怀导向,首先意味着关心、关注和建立联系,强调体验和关注人们的愿望、需求和情感,以仁慈和同情心对待他人。我感到痛苦,所以我理解你的痛苦;我感到快乐,所以我分享你的快乐。我们彼此相连,如同一家人,通过共情和分享,可以产生普遍的联系——从个体到群体,从群体到万物,在关怀中建立生命的联系和质感。其次,关怀导向的体现是个体存在于关系之中,在关系中需要相互接纳,需要回应,并给予精神上的关怀。这是一种情感和道德上的存在。要关心自己,关心最亲近的人,关心与自己有关和无关的人,关心非人类的生命,关心人类创造的物质世界,关心环境,关心意识形态的知识。再次,关怀意味着在追求真、善、美的过程中,学生关注人类的事务、人事和人心,师生关注的焦点不是学科具体内容的琐碎细节,而是内容之间关系的"真理"、善意和美感。从控制转向关怀,让学生回到最本源的意义,让教育接近本质,让师生相互关怀、共同成长。

(二)从成才到成"人"的转变

目前,教育越来越注重将学生培养成为全面发展的人。培养学生立场需要朝成就人的教育的方向发展。首先,学校需要树立全面发展的教育理念,强调人的综合素质的培养。不再仅仅追求分数和考试成绩,而是注重培养学生的创新能力、批判思维、团队合作能力等综合素养。其次,学校应重新设计课程,注重培养学生的实践能力和综合素养。增加实践性课程和项目式学习,让学生参与社会实践、实际问题解决和团队合作,培养学生的创造力和解决问题的能力。再次,学校需要采用多元化的教学方法,注重培养学生的主动学习能力和自主思考能力。通过启发式教学、讨论式教学和探究式学习等,激发学生的兴趣,培养他们的学习能力和思维能力。同时,学校应建立多元化的评价体系,不仅仅以考试成绩为唯一标准,注重对学生的综合素质进行评价,包括学科知识的掌握、创新能力、实践能力和社会责任感等方面的评价。最后,学校需要加强教师的专业发展,提升教师的教学水平和教育理念。通过培训和研讨会等,引导教师转变教育观念,掌握新的教学方法,更好地适应培养全面人才的需求。总而言之,学生立场即为成"人"教育,这种教育目的是使学生回归作为人的本质,成为全面发展的人。认识自己是通向世界的前提,而认识学生是通达教育的前提。

（三）从片面到全面的转变

教育的目的是全面发展学生,即意味着培养学生的德、智、体、美、劳各个方面,意味着要追求社会人格的健全,将学生视为整体的人。首先,我们需要把学生的发展看作一个综合的整体,关注学生发展的系统过程。由于学生的成长是多方面的,特别是在基础教育阶段,因此我们不应该过早地专注于特长培养。其次,我们应该遵循经验的连续性原则和交互作用原则,使经验本身成为推动学生发展的力量。通过关注经验的连续性,我们能够更清楚地看到学生身上所发生的偶然事件或临时表现的意义。因此,我们应该摒弃非此即彼的教育哲学。最后,我们应该践行统整的课程理念。统整的课程尊重学生作为整体的人的特点,推动学生开展统整的学习,培养具有统整理念的教师。

（四）从统一到个性的转变

涵养学生立场,需要正确面对学生之间的差异性。长期以来,教育文化过分追求内容与形式的整齐划一,并以此展开控制与管理。然而,教育面对的应是每一个具体而灵动的生命。每个学生在家庭背景、个性特征、学习风格等方面都有各自特点。正是在认知差异、行为差异、态度差异、情感差异等情况下,学生形成自我发展的张力,从而学会求知、学会做事、学会与人共处、学会做人、学会学习。因此,涵养学生立场要尊重差异。首先,教师要在了解并尊重差异的基础上,洞察微妙的差异,使之成为契机。每个学生对于事物的认识或许不同,对于具体事件的态度或许不同,对于美丑的感知可能也不尽一致。那么,差异产生之处便可能是创新所在点、思想深化点或者学生彼此的发展点。其次,教学过程中内容不宜呆板,形式不宜拘泥于唯一,应该视对象斟酌损益,因人制宜。一样的内容面对不同的学生可以采取不同的形式,一样的形式可以处理不一样的内容,在时间、量度等方面未必要求学生整齐划一。再次,差异会引起人们的关注,也可能会引起不适或反感,需要在"度"上寻求平衡。差异会产生吸引力,但其有两种向度,一面是好奇,一面是厌恶。然而,对于事物的好奇、厌恶的倾向都可以转化为兴趣,驱动学生进一步地探索①。

综上所述,学生立场不仅是开展教育教学活动的基础,也是学校治理变革与创新的重要价值所在。学校在推动育人工作时,应充分考虑学生成长需求的多样性、复杂性和差异性,通过设计丰富的活动和有效整合校内外的教育资源,为学生的全面发展和个性发展提供坚实的支持。这不仅是学校改革发展所面临的现实问题,也是学校治理体系优化的最终目标。

第二节　营造基于学生立场的校园文化

对于小学阶段的学生而言,由于年龄特征,校园文化活动是他们最喜欢的内容。丰富多样、主题各异的活动不仅是学校课程体系中的重要组成部分,也是学校特色的表现形式,更是培养学生核心素养的有效途径。在人才培养过程中,虹口四中心敏锐地意识到核心素养培养体系对人才培养提出了新的要求。为此,学校采用协同教育理念,整合校内外教育资源,构建独特的校园文化模式,开展丰富多彩的学生活动,让学生在情感体验、实践操作、沟通合作和探究交流中培养个人的核心素养。同时,学校也密切关注课程和教学改革,帮助教师融入变革思维,发挥课程教学在核心素养培育中的主要作用。协同活动和协同课程是协同教育的核心要素,需要进行具体描述,以强调活动体系在培养核心素养和全面发展学生方面的重要性。因此,我们将重点从学校特色化的活动体系方面来阐述对学生核心素养的培养和全面发展的人才培养。

---

① 陈玉华.学生立场:教育研究与实践的出发与回归[J].中国教育学刊,2017(1).

一、打造浸润学生成长的文化环境

文化正成为这个时代鲜明的主题之一,影响着社会各个领域的发展与品质。教育以其与文化不可分割的孪生性成为备受文化影响的社会现象,学校的文化特征已成为学校品质的重要标志。因此,学校文化建设正成为当下学校发展的重要主题。学校文化是学校与生俱来的特征之一。学校文化在学校发展过程中不断完善,逐步形成学校文化系统。学校文化是学校品质的重要组成,是学校办学水平和影响力的重要标志[①],也是培养学生的重要方式。

基于这样的认识,在虹口四中心的发展历史上,学校向来重视文化建设,通过软硬件设施的共同建设,为学生的全面发展特别是核心素养的形成提供一个温润的环境。

学校努力运用现代化的信息技术,营造协作交互的校园环境。学校增设了校园视窗,传递着学校精神文明建设、教育教学改革前沿、教师专业发展的最新信息。学校的两个校区覆盖了无线网络,所有教室及专用室均添置了希沃电视,教师办公室电脑配置到位,学校多媒体教室及广播室更新了播放设备,两校区多个科室(电脑室、科常室、阅览室、音乐室)进行了更新及新设备的安装。学校录播室充分得到使用,5年来共录课1 000多节。学校网站、微信公众号、班级钉钉群等及时向社会传递着学校各类教育教学活动,提升了学校办学形象,促进了师生协同学习、家校协作育人水平的提升。

此外,我们认为,学生能否在学校中愉悦地发展、持续地发展,校园的物质文化环境非常关键。因此,学校持续强化学校硬件建设,校园环境进一步得到改善。现代舒适的环境为师生提供了快乐学习生活的基础。

二、开展满足学生需求的特色活动

如何通过适切的校园文化活动以尽可能满足不同学生的成长需要,满足

---

① 杨志成.学校文化建设的解构与建构[J].中国教育学刊,2014(5).

他们完善自我核心素养体系的需求,一直是学校持续思考的问题。我们认为,学校之中,不管怎样的学生,都离不开"衣食住行"4个字,都需要围绕"学习"来组织校园生活,因此,我们希望通过"衣食住行"特色活动和"HL快乐学习者"品牌的打造,让学校的特色活动真正契合每个学生的现实生活,引发他们参与活动的兴趣和提升自我的主观意愿。同时,考虑到每一个学生的实际情况,我们在活动的开展过程中,在活动的具体内容和实施方式上进行了丰富的个性化设计,让不同发展层次、不同成长需要的学生都能够在活动中有所成长,让特色活动成为丰富学生核心素养的最有效方式。

(一)开展"衣食住行"系列活动,丰富学生的学习生活

"衣食住行"是学校特色校园活动,为了凸显活动课程的时代性、生活性、丰富性与整合性,每学期结合学校计划,德育处围绕一个主题,通过"每月一节"(每月一个学科节)开展系列活动。每次活动由"启动—实施—小结表彰"3个步骤组成,规范的管理确保了各项活动有质量地开展。通过活动,我们激励学生勇于展现自我、超越自我,感受学习的快乐。诸如围绕"住"这一主题,我们在运动会上开展"建筑搭建"的运动项目,让学生在趣味运动中感受"住"文化的魅力。

(二)依托七大社团活动,打造"快乐学习者"品牌

围绕学校的核心价值观和学生核心素养培育的要求,学校积极发展"HL快乐学习者"的特色品牌内涵。

学校组织了七大社团活动(小学士、小院士、小外交、小明星、小画家、小健将、小灵通),在大队辅导员以及团员教师的专业指导下,每学期开展精彩纷呈的体验活动。如,小外交社团开展了"Chase Your Dream"梦想星秀,小明星社团开展了"星光大道"才艺展,小健将社团举行了"Running Man"活动,小灵通社团开展了"纸上生花"系列活动,还有小学士社团的"国学挑战赛""墨香书画比赛"、小画家社团的"节电节水护绿"文明标语征集活动、小院士社团的"巧算24点"等,丰富多彩的社团活动受到学生的欢迎。此外,社团还协同外援,开展了如"根与芽"公益社团、"爸爸妈妈进课堂"等活动,同样受到

学生们的追捧。

社团不断完善活动机制,在教师的指导下,七大社团活动以学生的视角,在社团部长与会员的自主策划、自主管理中顺利开展,学生在活动中获得成长。学校的问卷调查数据显示,85%以上的学生喜欢学校社团活动。这些社团活动让师生成长增值,丰富了学校文化建设的内涵。

三、实施触及学生灵魂的心理教育

在学校里开展心理健康教育,为的是提高全体学生的心理素质,充分开发他们的潜能,培养学生乐观、向上的心理品质,促进学生的人格健全发展[①]。多年来,我国中小学心理健康教育受到党和国家的高度重视,其工作取得了长足发展和巨大成就,各地普及或深化中小学心理健康教育已初具条件,但由于受多种因素的制约和影响,其在重要性认识、管理机制、教师队伍、经费设备投入、内容和方法等方面仍存在不少问题和不足[②]。这些问题和不足在当代教育治理体系下更具有迫切的化解需求。对于学校而言,要充分认识到心理健康教育对于学生成长的重要价值,将心理健康教育纳入学校人才培养体系,通过特色化的心理健康教育活动和专业化的心理健康教育师资队伍建设,让心理健康教育真正触及学生内心,真正帮助学生化解成长中的困惑,既赋予学生健康的心灵,又为学生持续性地成长和发展奠定基础。基于这样的认识,虹口四中心着重从3个方面入手改善学校心理健康教育的品质,让学生的心理素养得到提高,心理问题及时得到化解。

（一）学校重视心理健康教育,全校形成共识

学校重视心理健康教育,心理咨询室配套完善,学校网站建立"心灵有约"栏目,为学生、教师及家长开展心理健康教育指导和服务工作。心理教师资质配备规范,拥有国家二级心理咨询师资质的有5人。

心理室重视对教师的培训辅导,邀请专家张海燕教授对班主任进行危机

[①] 林崇德.心理和谐:心理健康教育的指导思想[J].西南大学学报(社会科学版),2012(3).
[②] 张彦君.心理健康教育的瓶颈破除与路径选择[J].中国教育学刊,2014(9).

干预培训,增强教师的危机干预意识;邀请上海市骨干心理教师、高级家庭教育指导师王晨骊老师对班主任进行"班主任如何开展心理教育"的体验讲座;邀请区心理中心组成员对党团员开展萨提亚模式下的团体辅导活动;邀请区萨提亚心理小组的李莉老师作"尊重学生主体,尊重学生自主管理权利"的班主任培训等。诸多心理健康教育辅导,使全校教师形成共识,积极在日常教学中渗透心理健康教育,并以学科德育反思案例,分享育人经验,为学生的健康发展保驾护航。

(二) 心理健康教育课程丰富,体验活动多样

学校积极开发心理健康课程。首先在五年级开设心理健康教育课程,选用《小学生心理健康自助手册》教材。每两周由心理教师对五年级学生进行一次授课,通过各种体验活动使学生不断感悟与成长,得到五年级学生的肯定。其次,心理室加强针对性的辅导,如每月一次心理广播,每学期一次心理月(周),开展了"考试来了""学会时间管理""和小伙伴在一起"等主题心理活动。再次,每周四下午为四年级学生开展"心理330"课程活动。活动丰富多彩,受到学生们的欢迎。此外,针对学生实际情况,学校每学期开设入学适应心理课、应试焦虑心理课、落选干部情绪疏导心理课等专题课程;成立"SKY CITY"(天空之城)心理社团,开展了学习辅导、时间管理、积极心态、人际关系、团队合作等专项团体辅导和讲座。"SKY CITY"社团获得虹口区社团评比一等奖。

(三) 班主任团队通力协契,家校互动密切

学校积极发挥班主任团队作用,通过主题队会、微型心理课等方式加强班级心理健康教育。心理教师和班主任互相配合,关注特殊学生发展,强调开展"个别教育",建立特殊生档案,班主任跟踪辅导一月一次,家校联系一月至少两次。同时,学校以《好习惯伴我行》校本学材的开发为契机,研究"行规如何"课程和"小思徽章",加强即时评价与家校互动,从而增强学生规范意识。学校还充分运用微信公众号等新媒体,创建"四中心家长汇"微信平台,平均每天发布一条资讯,及时推送学生在校所有活动

情况,让家长更多地了解孩子在校生活学习的情况。心理室也为有需要解决亲子沟通问题的家长开设了萨提亚家长亲子工作坊,为家长的亲子教育提供实效支持。

总而言之,近年来,学校认真开展心理健康教育,重视教师心理教育能力提高,引导学生悦纳自我,健康生活。

第三节　形成基于学生立场的家校合作

在现代教育治理体系中,基于学生立场的家校合作对于学生的发展和学校教育具有重要意义。首先,家校合作可以更好地为学生提供家庭和学校的支持。家庭和学校共同承担着培养学生的责任,通过密切合作和沟通,可以更好地理解学生的需求和问题,从而提供更有针对性的支持和关怀。其次,家校合作能够为学生提供更全面、更丰富的学习机会和资源。当学校和家庭合作时,可以共同制定培养目标和学习计划,并相互协助,为学生创造良好的学习环境和条件。这有助于促进学生的学习、发展和成功。再次,家校合作能够共同培养学生的积极价值观和良好的态度。当学校和家庭形成合力,共同关注学生的品德、社交能力和价值观念培养时,学生更容易形成积极、正面的态度,建立起正确的人生观和价值观。最后,家庭和学校是学生社会情感和生活技能的主要培养场所。家庭和学校的合作可以提供更多的机会和场合,帮助学生培养社交技能、情绪管理能力、问题解决能力等重要的生活技能,使他们更好地适应社会需求。

一、"四问题"制约传统家校合作有效性

家庭和学校是学生最主要的两个生活世界,也是完整的教育生态圈的核心组成部分。在当今的教育理论和实践研究领域中,家校合作的重要性已经得到了广泛认可。然而,要让家校合作在更深层次的价值维度上真正实施并

产生实际效果，还需要更加细致的思考和探索。这种思考和探索的基础是要正视传统意义上家校合作存在的主要问题。

（一）关于家校合作的认知问题

认识是行动的先导，要实现深层次、有价值的家校合作必须要形成对家校合作问题的合理认知。当前，尽管家校合作已经在很多学校不同程度地开展，但是由于行政本位管理思想在学校中的普遍存在，依法治校和民主管理思想尚未成为所有学校管理者的内在自觉，甚至在大量学校管理者和教师眼中，家长依然只是"教育的对象""沟通的对象"和"发号施令的对象"，并没有真正认识到家长作为学校治理主体的合作性价值。同时，根据大样本的问卷调查和访谈，学校管理者和教师普遍有家长过度参与学校管理会"削弱校长和教师的权利""给学校带来麻烦""暴露学校问题""增加不必要的工作量"等顾虑[①]，因为这种认识的不足和顾虑的存在，很多时候家校合作只能流于表面，并不能触及学校治理的核心问题。

（二）关于家校合作的价值问题

实现家校合作的基础性问题是如何认识家校合作所具有的价值。近年来，随着家校合作问题研究与实践的深入，对于家校合作价值的认知也越来越丰富：家校合作能够沟通学生最重要的两个生活世界，实现学生教育在时空上的有效衔接，为学生成长构筑完善空间；家校合作能够增加教师和家长的理解和互动，促进教师和家长更好地自我反思和成长；家校合作能够为学校带来更多的教育资源，造就学校改革发展新的动力源等[②]。这样的价值分析是多元的，也是客观的，但是这些价值大多都停留在"人的教育和发展"领域，甚至有很多观点认为，家校合作就是家庭和学校在教育子女和学生过程中协调一致的过程。这样的价值认知没有更深层次地涉及学校治理体制和机制的优化，也就难以从根本上调动家校双方的合作积极性，家校合作的价值也就难以得到更深层次的挖掘和体现。

---

① 蒲蕊,李子彦.家长参与学校治理的困境及其解决策略[J].教育科学研究,2017(8).
② 黄河清,马恒懿.家校合作价值论新探[J].华东师范大学学报(教育科学版),2011(4).

（三）关于家校合作的层次问题

家校合作通常可以分为交流式合作、人际参与式合作和管理式合作 3 个层次。交流式合作主要侧重于教师和家长之间的交流，旨在获得家长对孩子教育的支持，并让家长了解孩子在学校的日常表现。人际参与式合作则是家长作为学校活动的自愿参与者，提供无偿服务或赞助，帮助学校解决各种实际问题。但在管理式合作中，家长通常以参与学校教育决策的角色参与学校的管理工作。然而，目前的实际情况显示，大多数的家校合作还停留在交流式和人际参与式的层次，较少涉及管理式合作。这意味着家长作为学校治理合作者的身份没有得到充分体现，家长的学校治理参与权利也没有得到相应的保障。

（四）关于家校合作的能力问题

家校合作作为一种特殊的教育路径和学校治理方式，要求合作双方具备艺术性和科学性的能力。艺术性能力可以帮助双方在合作过程中保持灵活性和创造力，适应不同的情境和需求；科学性能力可以提供合作的目标、规范和实施的依据，确保合作的系统性和有效性。通过艺术性和科学性的能力的结合，家校合作可以更好地满足学生发展的需要，实现教育的共同目标。然而，现实情况是，一方面学生家长的教育经历、生存环境、职业种类等存在很大差异，大多数家长并不具备教育治理参与能力；另一方面，不论是职前师范教育还是职后教师培训，往往都忽视了对教师的家校合作能力的培养。因此，家长和教师在促进家校合作有效开展方面所缺乏的能力，已成为制约家校合作价值深层次体现的重要因素。

二、"三途径"探索共治视角的家校合作

从最近的研究和实践来看，家庭和家长作为教育治理的主要参与者，他们的积极参与是教育治理实现民主、互动、多元的内在要求。因此，推动家校合作符合现代教育治理的内涵和要求，建立学校和家庭之间的新型关系是构建现代学校制度的重要方向，也是推进学校治理能力现代化的重要方向。另

外,从价值的角度来看,教育治理的目标是形成高效、有序、公平、自由的教育格局。要实现这样的目标,关键在于构建科学的教育治理体系,其中核心问题是调整教育治理的参与权和决策权的结构。这既包括政府权力的调整,也包括学校内部的权力下放。对学校来说,要顺应现代教育治理的价值导向,除了加强学校自治外,还要进行二次权力下放,将学校的权力进一步下放给教师、学生、家长和其他相关社会机构。通过建立健全的家长参与学校治理的制度、体系和机制,为学校教育质量和价值体系奠定基础。综上所述,有效的家校合作既符合教育治理民主化的要求,也符合教育治理的价值目标。推动学校教育治理现代化必然需要家校合作的支持,同时,建立有效的家校合作机制必须以现代教育治理理念为指导。在这个方面,虹口四中心也进行了一些探索。

(一)完善家校共育的组织机构

家长参与学校治理需要借助相应的机构和组织,其中最常见的是家长委员会。早在 2012 年,教育部发布了《就现代学校制度建设征求意见稿》,明确要求建立健全中小学家长委员会制度。作为重要的群众性组织,家长委员会在现代教育治理体系中需要实现从"有"到"优"的转变。创新建设方式,提高自治能力,是现代学校家长委员会建设的共同要求。因此,学校非常重视家校合作的组织建设,特别是加强家委会的建设。根据"自愿报名、积极参与"的原则,学校成立了校级家委会和年级家委会。家委会共同学习了章程,并分享了对儿童教育和家委会的认识。它还成立了宣传部、生活部、活动部和资源部,参与了学校教育教学的各项工作,比如参观学校食堂、了解学生午餐情况;担任学生成长课程"学 CEO 创业献爱心"银行信贷评委;监督学校更换操场草坪等。每年校级家委会都会完成自评报告,并向全体家长做述职报告。家委会的运作更好地搭建了家校协作的良好平台,为"家校同心、协力育人"的发展注入了新的动力。

(二)开展家校共育的特色活动

家校能否实现共治以及家校共治的层次、深度,决定性的因素在学校。

学校必须要树立坚定的家校共治意识,转变自身的管理理念和决策方式,形成有助于家长参与的学校决策机制。在此基础上,要通过特色的活动开展,引导家长多维度、深层次地走进学校,了解学校教育和人才培养的实际情况,为学校发展献计献策。每学年,学校在一年级开展每月一次不同形式的家长开放日活动,诸如"安全文明伴我行"、课任组课堂开放、亲子游戏运动会、迎新游园会、"我陪孩子做实验"等,让家长走进校园、走进课堂,了解学校的教育、教学和管理情况,赢得了家长的高度评价。同时这也提高了学校管理的科学性、民主性和开放性,从而真正架起学校与家庭之间的沟通桥梁。

(三) 提升学生家长的共育能力

学校治理体系的现代化建设和家校共育问题,对学生家长的家庭教育能力和学校管理参与能力都提出了新的要求,而并非所有的家长都具备这种能力。鉴于此,学校注重通过有效的培训指导,提升家长的共育能力。近年来,学校每学期举行分年段家长会,通过家长学校传授家庭教育的科学知识和方法,促进家庭教育观念的更新;从学校层面详细介绍一学期所开展活动及学校开发和实施的注重绿色协同多元的课程;让家长适时了解学生的学习与成长动态,树立正确的教育观念,切实实现了家校教育的同步发展,大大提高了家校合作的效率与默契。此外,每年寒暑假的班主任家访(新接班班主任要求家访率达100%),帮助教师掌握了学生的家庭情况,以便为每个孩子提供适合的教育方式,也给予家庭教育一定的指导。

三、"从陪读到陪伴"——家庭教育指导的个案实录

值得一提的是,我们对于家长的专题培训,主题的设计不是随机的,而是根据对学生家长的现实困惑的调查和分析。在这一过程中,不仅班主任、学科教师发挥了积极作用,笔者作为校长,也经常奋战在家庭教育指导的一线。下面这个案例,就是笔者所做的一项家庭教育指导节选。

一个事实不容置疑,那就是小学是为孩子一生奠基的阶段,是根的教育。其教育的重要性不言而喻。我们还知道,这么重要的教育是全社会的事,但是在家庭、社会、学校这三个教育要素中,越来越多的研究证明,家庭教育对孩子的影响是巨大的。所以就有了"父母是孩子的第一个老师"的说法。怎样做父母?上周学前特级教师黄琼老师在讲座中谈道,我们开车必须拿到驾照,但我们做父母的,往往是没有证书的。初为小学生的家长怎么做呢?我们的家长开始纷纷寻找学长、建立同伴微信群,互相传递着育儿经验,越交流可能会越焦虑。为了让孩子不输在起跑线上,我们周边就多了这样一群陪读家长。今天,我想围绕陪读与陪伴从 3 个方面来阐述我的观点。

一、为什么要陪读?

在座的一定有许多做家长的,让我们回想一下,你是否从孩子一上小学就开启了这样的陪读模式:下班回来陪孩子做作业,做错,擦掉重做;字写得不好,擦掉重写;再写不好,再擦掉,反反复复考验着你的耐心。终于,你实在忍无可忍了,你的愤怒情绪就会爆发,此时家里的平静瞬间被打破。每天,你害怕下班回家面对孩子,因为你的责任与期待决定着有太多的任务等待你在 8 小时工作后继续奋斗。日复一日,你疲惫不堪,心力交瘁……我们的陪读家长怀着美好的期望,付出巨大的牺牲,得到的结果却不尽相同。我们在为这些家长的精神所折服的同时,也不禁发出慨叹:陪读,这是一个艰难而又幸福的守候,我们的父母爱得太沉重了。

当我们"热衷于"陪读时,是否应该静下心来细想:作为家长为什么要陪读?陪读的目的究竟是什么?它的效果如何?

统计表明,家长普遍认为陪读的客观原因是,如今学生的升学压力比较大,竞争比较激烈,所以孩子只有靠优秀的学习成绩才能获得进入优秀学校的入场券,而家长们的陪读有助于学生的学习成绩提高。从需要陪读的主观原因与不需要陪读的主观原因来分析,我们发现家长们一边陪读,一边却也在心里打起了问号——怎样把握陪读的尺度,既能让孩子养成好的学习习惯与品质,又不增加家长与孩子的额外压力,确实让我们家长顾虑再三。家长在陪读过程中比较多地关注了孩子的以下3点：孩子学习的态度,如专注力和持久性等；孩子的学习习惯,如写字工整、写字姿势正确等；孩子的独立学习能力,从旁关注,指导孩子逐步独立完成学习任务。孩子遇到挫折的时候鼓励他,找不到解决办法时跟他一起寻找方法。陪读的最大成效就是提高了孩子的学业成绩。这是陪读最直接的显性效果,还有就是学习习惯养成的成效也得到许多家长的认可。但大家是否发现,之前有88％的家长认为自己在陪读中最关注学习习惯的培养,但真正认为孩子习惯养成的只有48％,说明还有近一半关注习惯培养的家长认为没有达到预设的陪读目标。可见,要让孩子养成好习惯确实是重要但又非常艰难的一件事。

陪读虽然夹杂着许多无奈、辛苦,但确实对促进学生学习习惯养成有一定的作用。我们也都认同良好的习惯终身受益,能让学习事半功倍,所以小学生需要陪读。那是否整个小学阶段都需要陪读呢？

我认为小学低年级阶段陪读是需要的,有两个原因。一来小学一二年级是孩子极其依赖父母、心智不成熟的时期。这个时期的孩子你教给他什么,他就学什么。所以这个时期正是孩子建立学习习惯的黄金时期,如果我们家长重视并能付诸行动,那么就能产生事半功倍的效果。二来,我们认为小学低年级段学校教育的知识容量比较少,给了我们培养学生学习习惯的时空。作为家长一定要清晰认识到习惯养成的重要性,千万不要急于让孩子去学习过多的知识。知识少学一点没关系,但你错过了学习习惯的培养时机,也许要花更多的时间去学习知识。所以家长们一定要明白,陪读的目的在督促学习、约束玩耍行为、安排学习时间,培养专注力、自控力等良好学习习惯。赢在起跑线上,不是赢在知识学习上,而是赢在习惯养成上。因为只有赢在习惯上,孩子的学习才能有后劲,才能赢！

二、怎样的陪读会更有效呢？

（一）给予孩子一个阳光的家庭氛围

作为父母,我们都知道,把孩子培养成为一个阳光健康的人是至关重要的,那么如何才能做到呢？家长在家时的言行就显得很重要。家庭是孩子成长的第一环境,家庭环境对孩子的成长有着重要而深远的影响。每个家长在工作单位里都会遇到顺心与不顺心的事;回到家时,你应该把高兴的事与家人共享,把不愉快抛在脑后,使整个家庭能一直保持着一种乐观积极的状态。这样的家庭氛围能给孩子的学习带来轻松愉悦。千万不要把工作中的不愉快带到家里,你的不满、你的怨声载道、你的怒颜不仅不利于你的健康,更重要的是孩子在旁会感受到紧张的氛围,必定会影响他们之后的学习。在这样状态下孩子的学习与你的陪读效能都会打折。所以说,心情好,一切都会更好。

(二)给予孩子一个稳定的家庭休息时间

上学后,家庭的作息时间必须要稳定。我们的家长要安排好学生回家后的生活,在什么地方做作业,在哪里吃饭,都需要有规律,要稳定。有些家长比较忙,今天让孩子到奶奶家,明天到外婆家,今天在家吃饭,明天到外面去吃饭……你知道吗?不稳定的作息时间,带给孩子的是一个不能静心的环境,不利于孩子学习。

(三)给予孩子一个洁净的书桌

要让孩子整理好书桌。因为书桌整理得越干净,就越能静下心来写好字,减少因为分散注意力而造成的错字、别字、漏字等现象。

(四)给予孩子一个信任的环境

什么是信任的环境?就是孩子在学习时,不轻易打扰,也不要大声对孩子说话。比如一个孩子在做作业,妈妈冲他大喊:"你不要一边做作业,一边玩!"妈妈的话代表了不信任:已经假设了孩子一定会边玩,边做作业。怎么让孩子听话?如果你希望孩子非常合作,小声对他们说话就行啦。心理专家研究发现,说话的音量和我们对对方的相信程度成反比。说话的声音越大,越是代表了一种不信任;说话的音量越小,里面的信任度越高。例如,我们在协和国际学校观察到,每当教师希望孩子们能静下心来时,便会高举一只手,向孩子们示意;孩子们也会在看到教师的举动后,纷纷安静下来。这就是静悄悄的力量。

（五）给予孩子一个学习的榜样

我们常说，父母作为孩子的第一任老师，也是终身教师，其价值取向、人生态度、处事风格、行为习惯、思维方式等无不在孩子的身上打上深深的烙印。孩子在平等、民主的环境里长大，他就学会了尊重与宽容；孩子在武断、强势的环境里长大，他就学会了专横与霸道；孩子在表扬、赞许的环境里长大，他就学会了自信与上进；孩子在批评、指责的环境里长大，他就学会了自卑与消极……所以说看一个孩子的行为，就可以看出一个家庭的情况。陪读过程中，家长一定要注重言传身教，让孩子拥有值得效仿的榜样。简单地说，你希望孩子阅读，你就阅读给孩子看；你希望孩子礼貌，你就礼貌给孩子看；你希望孩子勤奋，你就勤奋给孩子看。

（六）告诉孩子端正学习态度

爸爸妈妈必须尽心尽责地上班，完成本职工作，就叫责任。孩子作为学生，每天保质保量按时完成作业，也叫责任。要告诉孩子，这是你必须要做到的，没有任何可以讨价还价的余地。

（七）努力提高孩子学习兴趣

家长要拿放大镜找孩子的优点，尽可能地肯定孩子的学习积极性。也许孩子本不打算马上做作业的，你真诚地夸孩子"有责任感，长大了"；在称赞面前，孩子一般会改变自己，克制自己，主动去写作业。此外，可以经常和孩子一起阅读一些儿童读物，和孩子交流其中的人与事；也可以经常和孩子一起研究一些动脑筋智力题，让孩子感受到学习乐趣。另外，当孩子完成了作业，要让孩子适当休息一会儿，不要"鞭打快牛"，否则会消磨孩子以后主动学习的积极性。

（八）养成良好习惯的一些方法

习惯是指某一动作和行为通过多次重复而确定下来的过程。用通俗的话来说，就是指用一百次的动作去重复做一件事，久而久之，便养成了下意识的动作行为。作为家长，以陪同的方式来辅助和引导孩子建立良好的学习秩序是至关重要的。

（九）帮助孩子管理好时间

告诉孩子一个概念：时间非常珍贵，世界上有很多东西我们无法改变，如肤色、种族、家庭，但是时间是我们可以管理、可以努力的部分：把事情分为必须要做的和想要做的，给每件事情做时间预算，找出浪费时间的事情。

三、从陪读走向陪伴

陪读不是长久之计。到了三四年级以上，我认为家长要从陪读到半陪读直至陪伴，原因有 3 方面。

第一，据相关调查，小学三年级的学习习惯直接决定高考（课程）的学习成绩。小学三年级和高二成绩相关系数为 0.82，重要程度不用多说了。此时的孩子虽然有了自己的主见和学习习惯，但还处于一个不稳定的阶段。所以，我们在一二年级对孩子养成的良好习惯一定要加强，不能放松。特别是在三年级起始阶段，我们还需要陪读，巩固所固化下来的好习惯，并在日后也要时时关注孩子习惯的养成。

第二，此阶段的孩子处于由依赖父母到自立能力增强的转型时期，会开始主动积极地接受知识，有很多机智的表现，会不时地让父母惊叹。他开始对你的陪读有自己的想法，他可能会说"妈妈你出去，我会自己做作业的"这类话语。此时你如果还是像一二年级那样天天陪读，会让孩子感到你对他不信任，可能还会加大你与孩子之间的距离。所以我们建议三年级后家长不用跟一二年级一样，较长时间盯着孩子学习、做作业，也可以不要一直坐在孩子身边，"题题必讲""字字必纠"。况且随着年级的升高，家长也不可能一一辅导。所以，家长该放手时要放手，该不管时就不管，要多给孩子锻炼的机会，让孩子多动手、多思考，多让他们自己面对问题。这时候最忌讳的就是有些父母不但还要陪读，还认为孩子学业重了，要替孩子做一些生活中本该孩子自己完成的事，如整理书包、削铅笔等。当孩子提出自己来时，父母还会说，只要你能考个好成绩比什么都强。正是这种错误的做法给学生造成了无形的学习压力和错误认识。有的学生就算考上了大学，还把衣服寄回家来洗。"高分低能"对孩子的未来百害而无一利。为此，作为家长要让孩子早些心理

"断奶",早些学习自立,才是明智之举,也就是要从陪读到半陪读。

第三,低年级段的孩子还处在懵懂时期,父母的教育与培养很重要。但到了中高年级,孩子不是你的一句话就能让他明白并付之于行动的。他正处于价值观形成之际,要让孩子健康成长,你必须从陪读走向陪伴,关注孩子的学习经历、陪伴孩子的喜怒哀乐、参与孩子的社会实践,让孩子在你的陪伴下,懂得做人的道理,学会宽容、勇敢面对困难等好的做人处世品质,最终成为一个受人欢迎的小学生。

有一种陪伴叫倾听——培养责任感;

有一种陪伴叫权威——培养规则感;

有一种陪伴叫懒惰——培养勤奋感;

有一种陪伴叫参与——培养孩子解决问题、风险共担的真实生活能力。

综上所述,我们可以看到家校协同教育是一种重要的教育理念。它强调家庭和学校之间的紧密合作,为孩子的全面发展提供支持与指导。在孩子成长的过程中,家庭和学校都起着至关重要的作用。将陪读转变为陪伴,正是家校协同教育的重要体现。

首先,家校协同教育强调学校和家庭的密切合作。学校是孩子学习的重要场所,家庭则是孩子成长的温床。只有学校和家庭紧密合作,才能为孩子提供更好的教育资源和环境。家长应该积极参与学校的家长会议、家长培训等活动,与学校教师进行有效的沟通和交流。通过了解学校的教学方针和教育目标,家长能够更好地配合学校的教育工作,共同为孩子的发展努力。

其次,家校协同教育强调家庭对孩子的陪伴和关注。陪伴是家庭对孩子最好的教育方式。家长应该积极参与孩子的学习和生活,关注孩子的成长过程,与孩子建立良好的亲子关系。家长不仅要关注孩子的学习成绩,还要关注孩子的情感需求和兴趣爱好。在陪伴的过程中,家长可以与孩子一起阅读、讨论问题,共同制订学习计划和目标。通过家庭的陪伴和关注,孩子能够更好地发展自己的能力和个性,建立自信和积极的人生态度。

　　最后,家校协同教育强调家庭和学校的共同育人责任。家庭和学校是孩子成长的两个重要环境,都应该承担起育人的责任。家长要与学校保持密切联系,了解孩子在学校的表现和问题,与学校共同商定教育措施。同时,学校也应该积极与家长进行沟通和合作,及时反馈孩子的学习情况和表现。只有家校的共同努力,才能够为孩子提供一个良好的教育环境,帮助他们全面发展。

第五章

协 同 教 学

——建构学校治理的核心元素

要通过持续不断的理念和方式创新,提升课程教学改革的有效性,让高质量的课程和教学支撑起学校治理现代化的体系。

改革开放以后,特别是近年来,我国教育事业迅速发展;当前,已经从高速度增长转向高质量发展。在高质量发展阶段,制约教育高质量发展的问题往往是一些难点与瓶颈问题,并不是单一主体通过组织内部努力可以解决的[①],需要在现代教育治理的理念下建构多方协同机制,引入多方教育资源。从治理的角度看,要提升学校教育质量,需要从教师队伍建设、教育经费投入、教师管理变革[②]、教育基础设施建设、教育政策完善等角度提供全方位的支持和保障。但是在这一过程中,课程和教学始终是决定教育质量的关键因素。这也就意味着,推动学校治理体系和治理能力的现代化,要通过持续不断的理念和方式创新,提升课程教学改革的有效性,让高质量的课程和教学支撑起学校治理现代化的体系。在虹口四中心看来,协同教育理念下的协同性课程与教学变革,正是适应教育质量提升和教育治理现代化建设的有效的课程教学变革之道。

第一节 "协同有效"课程体系:学校内涵发展的重要支撑

近年来,课程体系改革成为推动教育改革与发展的重要手段。世界各国纷纷推进课程体系改革,对此我们可以总结出一些国内外课程改革的共同经验和趋势。首先,课程改革注重培养学生全面发展的能力和素养,以适应未来社会的需求。不论采用何种课程模型,各国都越来越重视学生的个体发

---

① 秦玉友.问题友好型学校治理:教育高质量发展的切入点[J].教育发展研究,2018(12).
② 魏军."治理"视域下我国小学教育质量保障的政策分析[J].教育探索,2018(1).

展,认为学习不只是课程内容的学习,更是学生智力构建和社会性发展的综合过程。其次,课程改革强调课程的整合性,强调不同学科和不同类型课程的相互融合。

基于上述两个方面的认知,学校的课程建设、课程实施和课程改革必须树立起整合、协同的理念,围绕学生的全面发展和综合素养的提升,建构起具有特色的学校课程体系。所谓体系,泛指一定范围内或同类的事物按照一定的秩序和内部联系组合而成的整体,是由不同系统组成的系统。从这个概念出发,课程体系是指在一定的教育价值理念指导下,将课程的各个构成要素加以排列组合,使各个课程要素在动态过程中统一指向课程体系目标实现的系统。课程体系是实现培养目标的载体,是保障和提高教育质量的关键。从国内外课程改革的上述趋势出发,学校以"协同、有效"作为课程理念,以"课程统整理念下的小学协同教学实践研究"以及"(第二轮)上海市中小幼课程领导力行动研究项目"两个科研项目的实践研究为载体,引领师生持续关注学与教,助推"想学、会学、乐学"课程目标的达成,建构起了具有学校特色的"协同有效"的课程体系。这既为学校的内涵发展提供了充分的支撑,又为学生的全面发展和综合素养的提升奠定了基础。

一、课程目标:课程架构完善的指南针

课程目标是指课程本身要实现的具体目标和意图。它规定了某一教育阶段的学生通过课程学习以后,在发展品德、智力、体质等方面期望实现的程度。它是确定课程内容、教学目标和教学方法的基础。确定课程目标,首先要明确课程与教育目的和培养目标的衔接关系,以便确保这些要求在课程中得到体现;其次要在对学生的特点、社会的需求、学科的发展等各个方面进行深入研究的基础上,确定行之有效的课程目标。通过设定课程目标,可以明确课程编制者的意图,确保各门课程不仅注重学科的逻辑体系,还关注教师的教学和学生的学习,以及课程内容与社会需求的关系。基于对课程目标内涵与确定思路的理解,我们从学校"让师生乐

于学习"的办学理念出发,在系统思考未来社会人才培养需求和学校人才培养目标的基础上,确定了"协同、有效"的课程建设总体理念,并在此基础上,建构了学生"想学、乐学、会学"的课程目标。其中,"想学"是指通过课程建设引发学生的学习主动性,保障学生的学习主体地位;"乐学"是指通过课程建设提升教与学过程的趣味性,让学生在愉悦的学习氛围中获得成长;"会学"主要是通过课程实施与评价的变革,转变学生的学习方式。纵观学校课程建设,我们从前期关注开齐、开足所有课程到对课程进行整体规划,最终形成了课程目标引领下的完善的课程架构,凸显了学校办学理念与目标(见图5-1)。

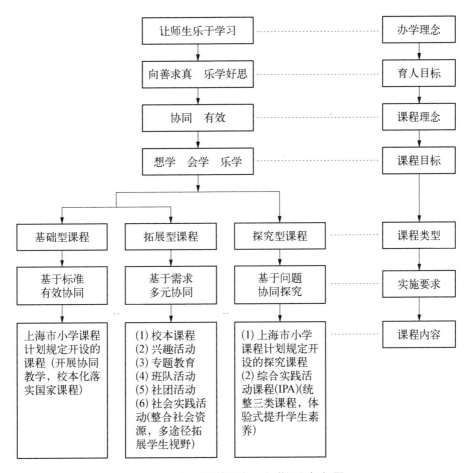

图 5-1　虹口区第四中心小学课程框架图

二、课程标准：课程理念落地的助推剂

学校严格按照市教委相关文件要求，通过规准实施，有效积极落实上海二期课改"以学生发展为本"理念，在课程整体设计的基础上，基于各学科课程标准，有效推进课程的实施。我们开足、开齐、开好各类课程，积极落实"学习准备期"和"快乐活动日"，确保学生每天校园体育锻炼 1 小时，扎实落实"五课、两操、两活动"等体育活动。

（一）基础型课程：基于标准，落实学科素养

我们坚持以"基于课程标准"和"基于学生学习起点"为原则，严格执行市教委规定，一二年级不布置书面回家作业，三至五年级回家作业不超过 1 小时；不进行期中考试或考查，学生学业评价严格实行等第制。三、四、五年级期末考试仅限语文、数学两门学科，其他学科只进行考查。考查形式灵活多样。同时，我们在各教研组内进一步加强教师基于"课程标准"的学习。通过各种形式强化教师的课标意识，并以校本化实施为途径，基于学生学习起点，探索课堂教学实践，提升教学有效性，确保基础型课程的落地实施。

1. 绿色指标引领

在绿色指标的引领下，学校着力研究基于学生学习起点的教学实践，通过前置学习单与任务单的设计与实施，组织学生开展协同学习，努力激发学生学习内驱力，培养学生思维能力、创新能力、实践能力等，让每位学生都能在自己的基础上获得进步。在上海市历年绿色指标测试中，学校四年级学生在高层次思维能力指数、学业成绩个体间均衡指数、成绩标准达成度指数、学习自信心指数、学习动机指数等方面均高于或等于市、区平均值，体现了我校学生良好的综合素养。

2. 学科特色研究

学校各学科结合自身特点开展了各个领域的个性化教学研究。

语文学科：语文组针对不同年龄段特点，开展不同的主题研究。在低年级段中开展课堂教学评价研究的同时，还进行了统编教材不同课型的实践研究。在中高年级段中开展基于课程标准的练习设计研究，具体关注有效作业

的特点,设计具有针对性的作业,并结合长作业设计,让学生能根据自身能力选择适合自己的作业。这一方面保护了学生的学习积极性,另一方面也有效提升了学生的学习自信心。

数学学科:开展基于课标及学情分析,凸显思维导向的课例研究,通过前置学习单的设计,找到学生的起点;通过分析教学内容、学情设计教学环节和教师、学生评价,从问题出发,解决问题,完善教学。

英语学科:以文本设计为推进课程实施的着力点,教师们在组内共同交流文本材料,设计出符合学生年龄特点、生活经历、知识储备,又能促进学生听、说、读、写能力的英语教学文本;同时教师又通过多媒体制作落实学科基础知识教学,有效提升了学生的英语语用能力。

音体美科信等学科:以"前置学习"教学策略与"任务导向"教学策略研究为重点,要求教师在备课以及课堂教学中予以体现,并在组内交流与反思。

(二)拓展型课程:基于需求,培育综合素养

学校加强对学生兴趣的调研,增加拓展型课程的选择性,精心设计与教学目标相匹配、适应学生年龄特点、难度适宜的学习课程,并努力扶持有条件的课程形成特色。多元开发不仅拓展了学生的知识领域,拓宽了学生的视野,丰富了学生的学习经历和体验,而且发展了学生个性和特长,使学生的综合素养获得了培育与提高。

1. 校本课程,百花齐放

学校近几年非常重视德育、科技、艺术等课程的建设,开设了"好习惯伴我行——学习习惯培养""行规如何课程""悦读悦心""生活中的科学""纸尚剪折""数独"等校本课程。它们均被纳入学校课程管理体系,进入课表。

其中,"好习惯伴我行——学习习惯培养"经过每位班主任的积极参与,进行完善与修改,形成了最新的《行规如何课程》读本。现在每个周一的午会课为全校统一教学时间,由德育室统一安排,根据读本进行通识性教育,同时结合行为规范练习和争章活动,由班主任根据班级实际进行专题训练。

此外,"生活中的科学"和"纸尚剪折"等校本课程均与基础型课程相融

合,由教师根据具体的教学内容在学科教学中进行实施。这样既帮助学生夯实了基础知识与技能,又让学生获得了学科上的拓展与提升。

2. 社团活动,百家争鸣

学校依据《"健康、乐学"成为学生未来生活的财富——虹口区第四中心小学"快乐活动日"整体实施方案》,通过"快乐午间""激流勇进""自主课程""阳光锻炼"四大板块,将探究型和拓展型课程融为一体进行整合,并开展了活动。其中,自主课程设立了"科学技术""体育健身""文学艺术""综合素养"4 个类别,有 60 多个年级社团和 9 个校级社团(合唱队、舞蹈队、啦啦操队、棒球队、足球队、VEXIQ 机器人队、机器人工程师队、鼓号队、马术队),深受学生喜欢。

学校开设了"快乐活动日"课程,除挖掘教师本身的资源外,还充分利用区青少年活动中心的优势以及中国科学院上海技术物理研究所的支持,借外力开展更多的学生们感兴趣的课程。学校还每学期定期走访同学区内的曲阳第三小学,互相观摩和学习学校的课程;带队到曲阳第四小学学习船模制作;邀请密云学校的心理教师来校做心理讲座,开展心理类活动。校际资源的互补,让学校的快乐活动日内容更丰富了。

近年来,学校的课程建设取得了丰硕的成果。学校成为上海市足球特色项目校、虹口区艺术特色项目校、首批上海市马术试点学校。学校的拓展课程"Stem 项目机器人搭建编程"和"创意书法"均顺利通过区的评审,成为达标科目;学校连续承办虹口区学生欢乐艺术节"四中心杯"青少年才艺比赛;在VEXIQ 机器人世界杯比赛中获得冠军和最佳团队合作奖;棒球队在上海市阳光体育大联赛中屡获佳绩;足球队也多次在中国青少年足球联赛(上海赛区)暨青俱联赛中取得优异奖项。

(三)探究型课程:基于问题,启迪创新思维

由教导处、年级组及主题探究教师组成的教研组,制订了学校阶段教学计划,实施探究型课程研究。鼓励教师研究教材、教法,尝试探究型课的开放性、探究性、实践性;尝试帮助学生在好奇中发现问题,确立探究内容,帮助学生增强发现问题和解决问题的能力。同时,在探究型课程中结合"协同教

学"，将探究型课程与基础型、拓展型课程相结合，力求教学协同有效。

三、协同有效：学校课程特色的新品牌

在学校办学和发展的过程中，追求办学品牌是学校管理者的共同选择。学校品牌是学校的一种无形资产，具有特定的质量水准和文化内涵，是基于校内师生员工和社会各界人士认可而形成的。对于一所学校和这所学校的校长而言，学校品牌的打造不仅是一种办学理想和事业追求，也是一种庄重承诺和生活态度[①]。学校的品牌打造有丰富多元的内涵，需要学校发展中的多方面元素进行支撑，但是其中最为核心的是元素必定是课程和教学的品牌，以及由此带来的高质量的人才培养。基于这样的认识，在学校发展过程中，我们一直持续打造协同教育理念下的协同有效的课程品牌，打造富有学校特质的课程特色。18 年来，学校以"课程统念下的小学协同教学实践研究"项目为核心，聚焦基础型课程，打破学科疆界，通过课程统整、教学协同的研究实践策略，不断提升课程领导力。十年磨一剑，如今"协同"一词已深入人心，成为学校课程品牌。

近年来，在"协同指南"的基础上，通过协同教研活动，学校积极开展以激发学生学习内驱力为核心的协同学习研究，在探索绿色协同之路的过程中，我们做了如下实践。

（一）完善指南，让协同更能激趣

我们的教师在实践中充分发挥他们的主观能动性，不断完善"协同指南"，包括其协同内容的补充、协同教学的时序调整等等，使指南发挥更好的教学效应，让协同教学更能激发学生学习的兴趣。

（二）运用策略，让协同更为绿色

为了进一步提高"协同指南"落实的有效性，我们引导教师运用前置学习、任务导向等教学策略开展协同教学研究，促进协同学习的形成。

例如：科学与技术学科的《信息的传递》与数学学科的《编码》一直是五年

---

① 闫德明.论学校品牌的特性与校长的品牌意识[J].当代教育科学,2005(3).

级第一学期"协同指南"中的组合。

在具体的协同教学实施中,科学课运用了前置学习策略,让学生自主寻找身份证18位的编码规律。随后的数学课则以它为学习起点,运用任务导向策略,设计多份材料,让学生再次自主对第一代和第二代身份证进行观察比较,进一步对身份证的编排规律进行深入探索。

协同教学策略的探索与运用不仅激发了学生的学习兴趣,而且让我们的教学更能贴合学生的实际能力,从而发展学生的合作能力、信息收集能力以及共享学习的能力,同时也让课堂因协同变得更为绿色。

第二节 协同教学:学校教学
变革的特色之路

我国10余年来的基础教育新课程改革,给中小学的课堂教学带来了很多变化。从教学理念到教学内容,再到教学方式方法,全新的课堂教学样态超越了传统的知识课堂、教科书至上和教师权威。课堂教学的本质在理论层面上是以促进学生发展为目的的教师指导学生有效学习的活动。在实践层面上,它是以促进学生发展为目的的教学活动,以学生的学习为核心的教学活动,在教师指导下进行的学生学习活动,以提高学生学习有效性为标准而合理利用教学手段和策略的教学活动①。从这个意义出发,教学的改革应该以有效性的追求为直接目标,以学生全面发展和核心素养的生成为最终指向。随着课程改革的深入,各学校都在积极地进行教学改革以适应课程改革的新要求。这种改革不应该是随意的、盲目的,而是要坚持两个方面的基本原则:其一,要顺应区域教育教学改革的整体趋势;其二,要凸显学校在课程建设、人才培养上的个性化需求。鉴于此,在协同教育的理念下,我们坚守基于标

① 孙宽宁,徐继存,焦炜.课堂教学改革的本质游离与回归[J].中国教育学刊,2014(10).

准的教学,凸显协同教学的特色,并在现代教育评价理念下,对学校的学生评价体系进行了重新建构,打造了一条具有学校特色的教学变革之路。

一、基于标准:教学理念落实的核心特征

"基于标准"是新课程背景下教学的一个重要特征。在基于标准的教学理念下,课程标准应该成为教学的核心出发点和重要实践依据。课程标准是教学最重要的依据,因为教学目标源于课程标准,评估教学成果也依赖课程标准。近年来,上海基础教育改革中,基于标准的教学也成为大家关注的重点领域。根据上海市教委教研室关于基于课程标准的教学与评价相关文件的精神,学校致力于以学生发展为导向,加强教师对教学规范的意识,努力创建兼具标准和活力的课堂教学,注重对课程标准的理解和尊重。

(一) 分层学习,达成共识

如何更好地根据市教委的精神和要求开展工作?我们认为首先要统一认识,在学习中明确规准目的,在反思中提升规准意识,最终让师生共进共赢。

行政层面——每学期至少学习3—4次相关文件,不断反思学校此项工作的成效;科教处根据学校要求,在制订计划时,就评价的组织学习、教学研究、评价方案进行初步构想,并形成文本,予以积极落实。

组长层面——教研组长、年级组长是学校开展评价工作的核心主力成员,为此,科教处利用校教学工作会议、大组教研活动等场合开展专题培训。

教师层面——为了使每位教师都能够全面正确了解基于课程标准的评价工作精神,科教处在每个学期的科教月上都会就评价展开专题培训。除了科教月,各学科教导每学期至少两次围绕评价开展大组教研活动。

多层面不断地学习,让全体教师形成共识,从开始的质疑转向了接受,从被动的接受转向了主动设计。目前,学校所有学科均开展了评价研究。

(二) 基于课标,规准教学

1. 依据课标准确制定教学目标,让实施更有方向

教研组长依据课程标准规定的内容和要求,以及学生认知规律合理安排

教学进度,明确整册目标和单元目标。

学科教师依据课程标准规定的内容和要求,根据教材内容、学生实际,结合学校"协同指南",制定全册、单元、课时教学目标,以及协同教学目标,并据此设计教学环节。

课程标准分解细化的基本操作路径如下:解析课标细化阶段要求—结合教材梳理教学内容—根据学情区分认知水平—明确学习行为叙写教学目标。

2. 依据课标灵活设计学习活动,让实施更有特色

其一,协同策略主导备课。学科教师以小组教研活动集体备课为载体,开展基于学生学习起点的教师教学策略的研究活动,即在课堂中以学生的问题为切入口,以学生已有的知识与经验为基础,参照课程标准中的教学建议,精心设计与教学目标相匹配、适应学生年龄特征、难度适宜的学习活动,重点强化前置学习单和任务单的设计与实施,使其更有学校特色。

其二,协同教学融入备课。在跨学科协同教研的基础上,学科教师以小组教研活动集体备课为载体,围绕各年级学科协同指南,结合协同教学策略有效设计学生的学习活动。

协同备课和协同教学的具体要求如表5-1所示。

表5-1 虹口四中心协同备课和教学的实施要求

协同备课	实　施　要　求	负责人
小　组	前期准备: 1. 教研组依据教材,挑选适合运用前置学习策略或任务导向策略研究的教学内容 2. 依据挑选出的教学内容,运用相应的教学策略开展教学实践,并在备课中体现如何改变教学设计 集体备课:(每次确定1—2名中心发言人) 1. 依据教学内容如何设计前置学习单或任务单? 2. 依据学生的起点或教学的核心问题,原有备课变在哪里? 3. 为什么这么变? 4. 教学改变后,对学生的好处在哪里?	教研组长

续　表

协同教学	实　施　要　求	负责人
课　前	协同教案的集体备课: 1. 备课中注明与哪个学科协同,前后顺序 2. 明确协同目标 3. 教学设计体现协同点 4. 运用策略设计教学	教研组长
课　中	明确告知学生: 1. 本课的协同点 2. 与哪个学科协同	学科教师
课　后	将协同教案上传给年级组长	教研组长

3. 依据课标精准开展课堂指导,让教学更有活力

(1) 面向全体学生

课堂上教师需以标准为导向,以问题为起点,面向全体学生,采用多种教学方式,整合教育资源,开展基于标准的教学;从而突出重点,突破难点,并适时开展对每个学生的课堂指导,帮助学生掌握知识和技能,积极促进学生的思维发展,凸显了新课程"为了每个学生的健康快乐成长"的理念。以数学学科三年级"千米的认识"一课为例,结合学校的协同学习策略的研究,设计了课前调查单。

【课例】数学学科三年级"千米的认识"

通过课前对学生学情的调查分析,我们可以发现一些共同点:大部分学生在生活中都看到或者听到过"千米"这个名词;大部分知道千米的学生了解了千米的字母表示,以及千米和米之间的关系;大部分学生还想知道千米与其他长度单位之间的换算关系。

但是当我们进一步询问 1 千米到底有多长,或者从学校出发走 1 千米可以走到哪里时,学生的回答说明了他们对于 1 千米缺乏量感。为此,这节课的重点就是如何帮助学生建立 1 千米的长度量感。那该如何检测学生通过课堂教学是否建立起正确的量感呢?

我们在数学课前和课后一共设计了 3 个实践活动。

小实践一：课前利用体育课时间走一走,记录走 10 米的步数和时间

我们通过协同教学,在体育课上由体育老师指导,学生以 10 米为单位,按正常走路的样子走一走,得出自己走 10 米的步数以及时间。

小实践二：课前利用放学路上时间,从学校出发走 1 千米

通过体育课上的实践,学生对于 10 米的路程有了一定了解,可以利用推算的方法初步感受从学校出发走 1 千米的距离,并记录下附近的目的地。我们发现,学生尽管了解了走 10 米的时间和步数,但是对于 1 千米的量感还存在较大的误差。

小实践三：课后再次利用放学路上时间,从学校出发走 1 千米

把小实践三和小实践二的结果进行比较后我们发现,在教学后的小实践三中,学生对从学校出发走 1 千米的数据准确率有了明显的提升,说明课堂教学的环节设计确实有助于提升学生对于 1 千米量感的建立。

通过教学实践,教师们深刻感受到了依据课标精准开展课堂指导的重要性。只有根据学生的实际情况和学习需求,有针对性地设计教学内容和实践活动,才能让教学更有活力。此外,通过实践活动的方式,能够让学生更直观地感受到学习内容,提高他们的学习兴趣和参与度。

(2) 关注学生差异

教师努力激发每个学生的学习兴趣,精心设计多种层次的学习活动,满足不同层次学生学习需求,促进每个学生学科素养的提升。例如,在英语教学中,每个学生的吸收与反应能力有快慢之分,表达与创造能力有高低之分,教师不能要求每个学生都以同样的速度取得一样的成绩。教师必须因材施教,对处在不同学习起跑线上的学生提出不同的要求。

【课例】英语学科二年级"/ f /、/ v /音素教学"

二年级在进行 / f /、/ v / 音素教学时,教师先要求全体学生一起了解字母的发音,并能读准字母 f、ff 和 v 在单词中的发音;然后对中等生提出能在句

子中读准这两个发音,如:Frank likes the fish. Frank likes the wolf. Frank likes the giraffe. Find them in the forest. 最后针对学有余力的学生们,要求他们能自己从教师提供的词汇中,创编音素绕口令。

当然,这3种层次的目标只能是教师了然于胸,必须保护基础薄弱学生的自尊心。这样既满足不同层次学生的求知欲,也让基础薄弱学生体验成功的喜悦,让英语课堂呈现出一种有梯度的层次美。

通过实践,教师们深刻认识到每个学生都有自己独特的学习特点和需求。作为教师,应该关注学生的学习差异,尊重他们的个性和潜能,并设计符合他们需求的教学活动,以促进每个学生的个性化发展。

4. 依据课标多元设计课后作业,让教学更有张力

根据课标要求,教师需设计形式多样的作业,加强作业与教学的关联,使作业成为学习延伸和成果的检测手段,更成为后续学习的动力。低年级坚决不布置书面回家作业,中高年级通过优化作业设计减轻学生过重的课业负担,使教学更有张力。

【课例】道德与法治学科二年级"坚持才会有收获"

课中,教师通过不同形式的体验、探究活动,引导学生归纳总结了一些坚持的小秘诀:制定合适目标,合理安排时间,学会自我鼓励,增强责任意识。课后,为了培养学生坚持不懈努力的意志品质,教师设计了一个课后跟踪记录表(见表5-2)来督促学生能坚持完成一项任务,并请家长协助评价学生的完成情况。

表5-2　"我能坚持"记录卡

班级_____　姓名_____　学号_____

我挑战_____		家 长 评 价
我的目标	第一步:	目标恰当☆☆☆
	第二步:	
	第三步:	

续 表

我挑战_____			家 长 评 价
我的记录	第一周		能坚持☆ 能坚持且有进步☆☆ 有困难但仍坚持练习☆☆☆
	第二周		能坚持☆ 能坚持且有进步☆☆ 有困难但仍坚持练习☆☆☆
	第三周		能坚持☆ 能坚持且有进步☆☆ 有困难但仍坚持练习☆☆☆
	第四周		能坚持☆ 能坚持且有进步☆☆ 有困难但仍坚持练习☆☆☆
我得到了_____颗星 荣获"小蜜蜂"章(至少获得 10 颗☆可得章)			□是　　　□否

通过实践,教师们感悟到依据课标多元设计课后作业对于教学的促进是非常重要的。作业不再是简单的重复与记忆,而是能够激发学生思考和探索的工具。学生们在完成作业的过程中,能够更好地理解和应用所学知识,同时也能够培养自身的学习动力和自主学习能力。这样的作业设计不仅能够减轻学生的负担,还能够使教学更有张力,促进学生的综合素养的提升。

二、绿色协同:学校教学变革的新型样态

近年来,随着核心素养概念的提出,以及教育综合改革的深化探索,学校层面再度兴起以跨学科为特征的统整式课程改革。统整式课程打破了学科内容、学习时空和学科教师间的边界,重构了新型的课程形态。

(一)回顾:协同教学的摸石过河之旅

在研究的初期我们发现,要让更多的教师参与协同教学的课题研究,首先要做的就是提升教师的课程统整力。因此,我们依次尝试通过以下两条途

径来确保教师课程统整力的提升。

1. 编制协同指南

在各科教学的基础上,每个年级组通过跨学科的交流,在蛛网般的知识系统中寻找所有学科教学要点的交叉点,也就是寻找协同教学的协同"点"。根据主题内的各科教学内容进行整理,制订相应的主题计划,并确定每个主题内各学科教学内容的教学时间及先后次序。每次的"协同教学"展示课后,教师都会对自己所观摩的协同课进行评价和反思。在这个过程中,教师们各抒己见,促进了协同教学的不断完善。

2. 建制协同教研

为了将这一跨学科共同探讨的模式形成机制,因为教研组应当成为教师最基本的、现实的、主要的学习型组织,我们提出了建立跨学科的协同教研组。教师们围绕共同的目标打造和谐的教研组,同时又不断从中汲取智慧和力量,感受相互支撑、相互激励的氛围,关注"共同"之中的不同。倡导多样化的思想、观念,使每位教师都感受到教研组是自己的"家",协同教研组也因此成为一个温暖而舒适的场所,一个智慧的"大家"。结合教师的意愿,我们将任教同一年级的各科教师基于课题研究的需要组建成研究组,并依据研究能力的不同而做一定的分工,其中将大家联结在一起的便是共同的研究兴趣和研究指向。

为了进一步保障协同教研活动的时空要素,我们将学期初、学期中和学期末的3次教工学习时间给各年级组开展协同教研活动使用,并且固定教研场所和年级组内的成员教师,赋予年级组长活动组织权和协同点决定权,以确保协同教研活动的顺畅组织和协同内容的有效落实。

一次次协同教研活动打开了跨学科的绿色通道,不同学科教师间的交流与互动,打破了教师只局限于单一学科思考问题的壁垒,使得教师的教学设计思路得到了拓宽,课程统整能力得到了有效提升。

(二)深化:协同教学的深水攻坚之旅

我们在实践中发现,以下两种情境容易造成学生的学习兴趣低下:一是学习内容明显高于学生已有的经验水平;二是学习内容明显低于学生已有的经验水平。此外,有专家也指出,很多学生缺少学习动力是因为他们没能把现在的学习与未来生活之间建立起联系。一旦教师在课堂教学中忽略了这些重要因素,学生的学习动力与学习成效势必都将受到影响。

基于此,我们思考的核心便是:是否可以在原有协同教学实践研究的基石上,围绕以学生问题为起点的教师教学策略进行创新和尝试,以形成协同教学的新愿景,让教师进一步明确改革的方向,从而增强学生的学习动力,更好地培育学生的核心素养? 为此,我们提出了"绿色协同教学"的理念。

为了达成该愿景,我们把研究和实践的切入点放在寻找学生学习的真正起点上,改变学生的学习方式和教师的教学策略。2015 年起,我们以提升学生学习动力指数为突破口,结合多年的"协同教学"研究,探索了一条绿色协同之路。我们在此过程中主要经历了 4 个阶段。

1. 第一阶段:锚定问题,明确任务

这一阶段,首先要解决如何找准问题、明确任务。我们发现虽然学生的问题起点是我们开展新一轮实践探索的核心要义,但是如何正确找到学生的问题起点才是关键。我们以微讲座、主题研讨等形式指导教师进行学情分析、发现课堂中生成的问题。在具体的操作中,我们希望教师进行如下步骤:根据已有的学科协同指南以及协同教研活动进行初步的备课设计,让学科与学科间的知识协同;通过前测单找到学生的学习起点,调整教师的教学设计,从而让学生的知识与教授的知识相协同。

在这一阶段,虽然看起来我们只是迈出了那么微小的一步,但是我们相信,成功将孕育于此。

2. 第二阶段:聚力攻关,建构方案

学校由校长室与科研室牵头,在专家的指导下,组织部分教师形成了项目研究团队,合作探索基于学生问题为起点的学习方式。我们提出了协同学习小组的学习方式,即在班级内以四人为小组单位,学生可以自行选择组员,根据学力、性格等要素组成异质学习小组,共同开展小组学习。

协同学习（collaborative learning）是一种通过小组或团队的方式组织学生进行学习的策略。小组成员的合作是实现班级学习目标的重要组成部分。在小组协同活动中，学生可以分享他们在学习过程中发现的信息和学习材料。这不仅限于小组内部，还可以与其他组或全班同学一起分享。这表明协同学习注重的不仅仅是学生的个体学习，更注重他们在学习过程中的合作。

在协同学习的过程中，个体之间可以通过对话、商讨和争论等方式，充分讨论问题，以找到达到学习目标的最佳途径。学生在协同学习中的活动有助于培养思维能力、提升沟通能力，并发展学生对个体差异的包容力。此外，协同学习对于提高学生的学业成绩、培养批判性思维和创新性思维、塑造乐观的学习态度、加强小组成员之间的交流和沟通能力、培养自尊心和建立相互尊重的关系等方面具有明显的积极影响。

由于协同学习小组是为了共同的目标，相互依赖、彼此互利的小组，因此，协同学习小组具有如下特征。

其一，组内异质，组间同质。小组内部的异质性指的是小组成员在学习基础、年龄、性别、学习风格等方面存在差异。小组之间的同质性则是指各个小组之间的组成大致相似，从而可以进行相互比较。小组内部的异质性可以为成员之间的互相合作提供基础，小组之间的同质性则为公平竞争提供了条件。

其二，任务驱动，适当分工。协同学习的效果取决于小组成员的共同努力，所以他们之间必须建立起强烈的相互依赖关系。通过任务导向和适当的任务分工，可以确保小组成员能够积极参与，共享资源。

其三，公平竞争，合理比较。协同和竞争是一种矛盾统一的关系。为了完成复杂任务，合作是必不可少的；为了追求更出色的结果，竞争也是必要的。在小组内，协同是主要的合作方式，但并不排除竞争的存在，特别是友好的组间竞争可以促进更好的内部协同。

其四，角色互换，轮流领导。通过角色互换可以促进学生在多个方面的发展，同时分享领导责任可以激励每个学生积极参与。尽管组长在学习过程中扮演着重要的角色,但组长和学习能力较强的学生可能会控制学习过程,导致其他学生产生依赖心理。因此,通过转换领导角色,既能确保学生相互帮助和协同,又能给予每个学生充分展示自己的机会。

其五,评价的多样性。传统教学中的评价注重客观性,强调评价工具的信度和效度,其目的是将学生划分为不同的等级,以确定优劣。但在协同学习中,评价更注重主观的价值判断,采用学生记录、教师评价、小组内外互评,以及个人成绩和小组总分相结合的方式,使评价具有多元化的特点。

要营造具有以上特点及优势的小组,必须从开始分组就充分考虑各种因素,也就是我们要讨论的分组策略。

首先,分组的过程应该是一种灵活的机制,可以以"个人"(person)"对"(par)"小组"(group)为单位,在学习的不同时期可以根据特定的任务和学习要求选择不同的分组机制;而且从学习的长远性来看,小组成员相对稳定有利于小组成员间的相互了解,在稳定和谐的小组中实现更好的协同。

其次,在进行分组之前,教师需要对学生的特征进行仔细分析。现在有许多量表可以从认知技能、知识基础、学习方式等方面对学生进行测试,并将其作为分组的依据。然而,这些因素并不能完全决定小组的凝聚力和协作绩效,因为有时候心理和情感因素更加重要。甚至协同学习小组中的某个成员的生活习惯,例如眼神交流,都可能导致协作失败。特别是对于小学生来说,受影响的因素更加多样化。因此,我们必须通过各种方式来了解学生,如让学生进行自我介绍、进行访谈或举行座谈会等。如果条件允许,教师应该从学生的角度设身处地地体验一下,了解学生真正需要什么。同时,在学习之前,给小组成员留出彼此了解的时间也非常重要,可以进行聊天、玩游戏等活动。

出于以上考虑,我们的小组建设过程如下:设计"我喜欢跟谁一起学习"的调查单,并请学生根据自己的意愿进行填写;根据调查单,用图示的方法描述同学之间的关系;在尊重学生意愿的基础上,我们尽可能地将有互选意愿的学生安排在一个小组中,并根据他们的身高、学习参与度等因素对全班进行 4 人小组的分组;在小组完全调整好之后,我们就要培养小组间的协同合作的意识和相互关联的关系。为此,我们主要以学生学习习惯培养为目的,通过小组间的互相监督和评分活动进行小组建设。

在第二阶段,我们开始具备结构化思考的能力,逐渐把第一阶段看到的方向聚焦,并逐渐收敛主题,形成亮点,使项目组内的教师团队成员首先走向"绿色协同教学"的共识,并让共识成为学校向前发展的指导工具。我们发现,支撑这一阶段的关键性力量来自学校骨干教师的示范、引领与带动。

3. 第三阶段:系统实践,效能倍增

课堂教学改革不仅改变了学生学习方式,同时也着重探索教师落实协同教学的教学策略。学校科研室组织教师们集思广益,将自己在教学中运用的教学策略进行梳理,从而形成了一个个教学策略案例,以供他人学习借鉴,也使得我们"绿色协同教学"的达成路径更加清晰。这种将教学策略的研究和自下而上的创新结合起来的方式,成为此阶段最重要的杠杆。在长期的研究与实践过程中,我们形成了如下基本教学策略。

(1)产生式教学策略

它鼓励学生主动参与教学过程,让学生自己制定学习目标,组织教学内容并安排学习顺序,培养学生个性化的学习方式。常用的教学策略包括前置学习和自我解答。这两种策略旨在让学生在之前的学习基础上,培养知识迁移能力,自主解决问题。产生式教学策略具有以下优点:学生能够积极地与自身的认知结构联系,深入处理信息,提高学习效果;学生可以自主设计、实践和改善学习策略,提高学习能力。

产生式教学策略主要由学生自己发起,能够激发学生对学习任务、学习过程和学习策略的积极性,培养学习兴趣等。教师在使用产生式教学策略时,需要注意策略的设计是否合理,避免学生认知超载或情绪低落,并确保学生有足够的时间进行准备。此外,学生的学习成功还取决于他们先前已经具备的知识和学习策略的广度。

（2）替代式教学策略

这种教学策略更倾向于由教师提出教学目标，组织和提炼教学内容，安排教学顺序，并指导学生学习——教师在教学中替学生处理教学信息。最常用的替代式教学策略包括任务导向策略和关注生成策略。这两种策略的目的是检测学生对所学内容的掌握程度及其综合运用情况。替代式教学策略具有以下优点：相比产生式教学策略效率更高，能够使学生在短期内学习大量内容；对于知识储备有限和学习策略不佳的学生来说，也能够获得成功的学习机会。

同样地，教师在使用替代式教学策略时也需要注意：由于学生的智力投入较少，信息处理的深度不够，所以学习效果不如产生式策略好。同时，过于精细的教学安排会导致学生在学习过程中更多地被动接受知识，而较少主动参与，从而难以调动学生的学习兴趣，限制了学生的学习能力。

（3）独立学习与协同学习相结合策略

独立学习是指学生关注自己学习的掌握程度，强调自我发展；协同学习是指小组成员为了达到共同学习目标而相互配合的学习方式。这两种学习方式可以相互结合，达到优势互补的效果。教师使用这种教学策略的目的是通过小组讨论来分析学生的共同学习需求，并通过学生的独立学习来促进他们个性化发展的需求。独立学习与协同学习相结合的策略具有以下优点：能够激发学生发挥最佳水平；能够促进学生之间相互帮助、共同提高；学习任务由大家共同分担，问题就会变得更容易解决。

当然，独立学习与协同学习相结合的策略需要足够的时间和空间，以便让学生能充分实现自主学习。

我们发现，系统的实践真正让"绿色协同教学"这一改革举措效能倍增，而支撑这一倍增的关键力量是全体教师的执行力和创造力。

4. 第四阶段：拓展辐射，彰显品质

这一阶段我们期待的是：如何让我们的"绿色协同教学"从解决了学生学习动力的激发，拓展到促进学生、教师、学校全方位的发展？如何让我们的

"绿色协同教学"从我们四中心小学拓展到集团内、学区内、区域内的其他学校？事实上，"绿色协同教学"探索至今，师生能力均得到了明显提升。在新一轮的绿色指标测试中，我校的学生学习动力指数有所改善，学生在各级各类展示与交流中展现了四中心学生良好的风范。学校的教师也在各级各类展示、比赛中获得不俗的评价。同时"绿色协同教学"不仅提升了学生的学习动力指数，也提升了师生关系指数、教师教学方式指数、校长课程领导力指数……"绿色协同教学"也已经向四中心集团内的学校推广、辐射。

通过"绿色协同教学"的实践探索，我们发现"绿色协同教学"在实现协同文化的过程中，逐渐提炼了学校核心价值观，即"踏实勤奋""谦和宽容"和"智慧博学"。"踏实勤奋"是一种态度，是一种境界，是行事的哲学；"谦和宽容"是一种气度，是一种风格，是做人的哲学；"智慧博学"是一种追求，是一种价值，是育人的哲学。它们具体体现在以下三方面。

其一，绿色的治学态度。在课堂中，它以严谨踏实的治学态度引领教师和学生就某一问题进行深入的探讨，使身处其中的师生耳濡目染，踏踏实实工作与学习，认认真真探索与实践，起到润物细无声的效果。因此，绿色的治学态度让师生更加踏实勤奋。

其二，绿色的人际关系。在课堂中，教师与教师之间、教师与学生之间、学生与学生之间均能互相包容，互相合作，互相学习，和谐共处。因此，绿色的人际关系能让师生更加谦和宽容。

其三，绿色的课堂情趣。首先，"绿色协同教学"能关注本质，落实学科价值，即一方面各学科教研组通过集体研讨明晰价值、理清认识、改善行为，努力形成具有本学科特色的课堂教学面貌；另一方面，又在尊重学科差异的基础上，从各学科特点出发，探索适合本学科的教学改革策略。其次，它能尊重差异，实施多元教学策略，即目标定位基于学情，根据学生的基础和能力，分层制定教学目标、布置分层作业以及灵活多元地进行学习评价。再次，它能着眼发展，多种素质并重，即以学生的多元发展为目标，开展协同主题教学。因此，绿色的课堂情趣让师生更加智慧博学。

在探索"绿色协同教学"的过程中,我们发现协同使虹口四中心的学校教育生活具备了厚重的哲学意蕴:它既是一种价值观,提供了四中心人认识事物、理解教育的理念基础;它也是一种方法论,是四中心人力行追求的育人方式、策略与路径;它还是一种存在方式,是全体四中心人的校园生活的形态与生态。

三、教学评价:协同教学改革的关键环节

在评价的改革中,教学评价是最为关键的环节。一般而言,教学评价就是依照教学目标对教学活动(主要是学生的学习活动)及其结果进行价值判断。它具有控制和发展两大职能。传统教学评价片面地强调和凸显控制职能,现代教学评价则强化和彰显发展职能[①]。这种发展既体现在教师的教学改进上,也体现在学生的学习改进上。基于上述认识,虹口四中心认为,推进实施小学阶段基于课程标准的教学与评价工作,是促进学生全面发展与个性发展的需要,更是当前深入推进小学阶段课程改革的必然选择。近年来,学校着重从4个方面入手,建构了支撑协同教育变革和学生全面发展的科学多元的教学评价体系。

(一)立足校情,顶层设计评价方案

在2016学年度上海全面推行小学"等第制"评价之际,学校出台了《基于课程标准的教学与评价工作实施方案》。该方案从落实基于课程标准的教学要求、落实基于课程标准的评价要求两个方面提出了学校的具体做法。在落实基于课程标准的评价要求这个板块,该方案明确了学校将围绕制订整体评价计划、选择合适的评价方式、注重对学习过程的评价、注重纸笔测试的分项评价4个维度开展评价工作。

1. 制订整体评价计划

对语文、数学、英语学科,依照上海市中小学课程标准(试行稿)设立评价

---

① 余文森.发展性教学评价的几个特性[J].上海教育科研,2014(10).

主题模块,并分别从学习兴趣、学习习惯、学业成果3个维度设计评价内容(见表5-3)。

表5-3 虹口区第四中心小学主要学科评价体系表

学 科	语 文	数 学	英 语
主题模块	识字与写字	数与运算	语音
	阅读	图形与几何	词汇
	表达	数据整理与概率统计	句法

2. 选择合适的评价方式

要求学科教师根据学科特点,依据评价维度,把握不同评价方式的特性,合理选择评价方式。在具体的学科实施中,建议教师多采用分项评价,并用等第与评语相结合的方式呈现评价结果(见表5-4)。

表5-4 虹口区第四中心小学教学评价主要维度和对应方式

评价维度	中低年段评价方式
学习兴趣	日常观察、问卷调查、表现性任务
学习习惯	日常观察、作业分析
学业成果	作业分析、竞赛、游戏、口头或书面测验、表现性任务

3. 注重对学习过程的评价

以发展的眼光评价学生,强化评价的发展性导向功能,并将过程评价与结果评价相结合,使评价既关注学生学科知识与学科学习技能的掌握情况,又要注重对学生学科学习过程中参与、交往合作和探索情况的考察。

具体来说,学校的过程性评价主要包含每课一评、每星期一评、每单元一评和每学期一评4类,并通过过程性评价或表现性评价从学习习惯、学习兴趣和学业成果3个维度开展评价。各学科可依据自身学科特点有针对性地选择使用。

(二) 目标导向,研制课堂评价量表

根据市教委在小学阶段全面推行基于课程标准的教学与评价相关文件要求,学校开展了深入细致的研究。以综合实践活动"我的身体真奇妙"为例,学校依据活动目标,并结合学生协同学习小组的活动设计了评价单,从学习态度、学习方式、参与程度、合作意识和探究活动5个方面对学生的活动参与情况进行评价(见表5-5)。

表5-5 虹口区第四中心小学综合实践活动评价单

评价内容	★★★	★★	★	获得星级
学习态度	在课堂上能够有积极的学习状态,有自主探索的学习兴趣	积极、热情、主动	积极、热情、缺乏主动性	
学习方式	有自己独立思考的过程,能够积极讨论、认真倾听	自主学习能力强、能够认真倾听	能够认真倾听和表达	
参与程度	善于发问、勇于提问,能够在小组中积极讨论	能够积极思考,解决问题	能够积极参与,在解决问题上需要帮助	
合作意识	善于合作,能够在小组中承担一定的任务,能够帮助同学解决问题	能够在合作中提出自己的想法,推动问题的解决	在合作中,更多充当的是参与者	
探究活动	善于探索新的问题,有好的点子,能够有积极的创新想法	敢于提出自己的问题,积极进行解决	在小组中能够倾听别人的好想法	

通过实践我们发现,在课堂设计时,教师以教学目标达成和学习重难点解决为导向,精心设计评价内容以及评价方式,使得评价更具有针对性。

(三) 实践反思,修改完善评价工具

通过多年的实践,我们发现在评价量表的设计和使用过程中,教师们以评促教、以评促思,有效推动了教师的专业化发展。每学期教师们均会撰写两篇教学反思。反思有效地促进了教师对评价量表的完善,更好地凸显了评价的作用。

（四）项目研究，探索纸笔评价模式

尽管纸笔测验存在很多问题，但是其价值是不能否认的。纸笔测验的基本特点是可操作性强、有可比较性、测验范围较广。它简单易行，能最大限度地保证测验的公平公正性。对教师来讲，通过纸笔测验可以清楚了解到学生掌握知识的程度，也可以检测自己的教学成果；对学生来讲，通过纸笔测验可以知道自己是否掌握了所学的知识，并根据成绩的好坏，查漏补缺，不断总结经验，并对下一步的学习进行合理的安排；对家长来讲，纸笔测验能让家长了解学生在学校的学习情况，督促孩子好好学习[①]。因此，在协同教育的开展过程中，我们并不是要否定纸笔测验，而是要基于实践探索纸笔测验的有效开展方式，让这种传统的教学评价在新的教育发展背景下再现光芒。

纸笔测试的分项等第制评价改变了过去的百分制中一张卷子、一个分数的模式，学生对自己的学业成果有了具体了解，积极发挥了评价的诊断、改进与激励功能。科学而多元评价的实施，悄然改变着教师的质量观，促进着教师反思自己。学校家长学生问卷数据反映：学校在语、数、外三门学科中施行纸笔测试以及分项等第评价的工作几乎得到所有家长的肯定。这一评价方式的改变，也逐渐转变了学生与家长对待纸笔测试的态度，让他们更加关注知识、技能的掌握情况，及时做好查缺补漏，学生的学业质量也在持续稳步提升中。

---

① 郭艳君.从发展性评价角度看小学纸笔测验的利弊[J].佳木斯职业学院学报，2017(4).

第六章

协同发展

——学校治理的师资保障

通过有效的专业发展路径设计，真正提升教师参与学校治理的意识和能力，才能为学校治理体系和治理能力的现代化建设提供充足的智力支持和人力资源。

教师承担着传播知识、传播思想、传播真理的历史使命,是教育发展的第一资源,是国家富强、民族振兴、人民幸福的重要基石。全面建成社会主义现代化强国,对教师队伍建设提出新的更高要求,也对全党全社会尊师重教提出新的更高要求。立德树人,师德为范;教育大计,教师为本①。党和国家历来高度重视教师工作。党的十八大以来,以习近平同志为核心的党中央将教师队伍建设摆在突出位置,作出一系列重大决策部署,各地区各部门和各级各类学校采取有力措施认真贯彻落实,教师队伍建设取得显著成就。广大教师牢记使命、不忘初衷、爱岗敬业、教书育人,改革创新、服务社会,作出了重要贡献,教师队伍建设的总体局面令人振奋。随着新时代的到来,教师的角色变得更加多元化,任务也变得更加繁重。教师们在推动学校治理体系和治理能力的现代化方面的责任和使命变得更加艰巨。教师队伍建设和教师的专业发展也被赋予了新的意义和价值。只有从推动学校内部治理的角度出发,充分认识到教师参与学校治理所面临的现实困境,并通过有效的专业发展路径设计真正提升教师参与学校治理的意识和能力,才能为学校治理体系和治理能力的现代化建设提供充足的智力支持和人力资源保障。

第一节　聚焦教师参与学校治理的现实困境

　　从概念上说,学校治理是教育治理的重要组成部分。“教育治理”是一个

---

① 教育部习近平新时代中国特色社会主义思想研究中心.新时代加强教师队伍建设的关键所在[EB/OL].(2019-06-11).http://theory.people.com.cn/n1/2019/0611/c40531-31128638.html.

宏观的概念,是指政府部门、社会组织、公民个体和其他利益相关者,通过一定的制度安排进行对话、协商、合作,共同参与教育事务的管理,推进教育管理人本化、民主化,实现教育科学发展的过程。学校治理则是指微观的、学校内部的教育治理,是指学校作为办学主体,在具有充分自主权的基础上,通过一定的组织结构和制度安排,协调学校管理者、教师、学生、家长等多元主体,共同管理学校内部事务的过程。完善学校内部治理体系,推进学校治理能力的现代化,需要从两方面出发,即实现学校的自治和共治①。"学校自治"强调构建新型的政校关系,推进政校分开、管办分离,政府简政放权,改变直接管理学校的单一方式,减少不必要的行政干预,切实落实学校办学自主权,使学校真正成为独立的办学主体,能够自主管理、自主办学。"学校共治"是指多元利益群体通过协商互动,共同参与学校内部事务的管理,从而实现分权共治②。因此,学校治理的实质就是要建设依法办学、自主管理、民主监督、社会参与的现代学校制度,促进学校教育整体质量的提升。

在学校治理背景下,教师作为学校内部管理的核心要素,是对学生发展、教育教学改革等方面的情况体会最为深刻的群体。吸纳教师参与到学校管理中既是法律的要求,也是完善学校内部治理体系、实现学校民主管理的需要。近年来,我国教育管理部门采取多项措施,不仅以法律形式明确了教师个体参与学校民主管理的权利和教职工代表的职权、责任和实施,而且制定了各项具体的规章制度和监督措施以保障教师民主参与的合法权利。同时,学校也相应地开展了管理体制等方面的改革,如采取分布式领导、"自下而上"的管理等措施。但是,从目前关于教师参与学校管理的实践和已有的实证调查来看,当前教师参与学校管理的情况不太乐观,实际参与学校管理的程度明显低于教师的期望③,并存在诸多问题。其面临的现实问题具体表现

---

① 褚宏启.自治与共治:教育治理背景下的中小学管理改革[J].中小学管理,2014(11).
② 沈伟,项正娟.教育治理语境下我国学校变革的实践与反思[J].教育发展研究,2015(8).
③ 楚江亭.中小学教师参与学校管理研究[J].中国教育学刊,2019(8).

在 3 个方面,即"教师无法参与""教师无效参与"以及"教师无意参与"①。只有充分认识这 3 个方面的现实困境,并聚焦核心问题进行精准梳理,才能既保障教师参与学校内部治理的权利和积极性,也发挥教师在促进学校治理体系和治理能力现代化建设中的重要作用。

一、"科层制"管理与教师"无法参与"

"教师无法参与学校管理"是指一些学校因为管理体制或校长的介入,导致教师群体难以接触学校管理工作,无法参与学校决策。由于我国中小学实行校长负责制,并且大部分学校仍然坚持科层制的管理模式,学校的管理权主要集中在以校长为核心的领导班子手中。此外,落后思想和观念的存在也加剧了教师参与学校管理的权利被忽视的问题,同时也因为教师队伍庞大、意见不一致,影响决策效率和质量,一些校长或学校管理者错误地认为教师不需要参与学校决策。校长或领导班子对管理权的垄断严重限制了教师参与学校管理的主体地位,使得教师难以参与到学校的管理中。为促进教师参与学校管理,需要完善民主参与的渠道,也是各项法律制度得以落实的基础。在我国大部分中小学校,教师参与学校管理的渠道较为单一,主要是通过教职工代表大会,但缺乏具体实施机制。教师能够参与学校管理的事务并没有得到明确规定,导致教师群体对于参与内容和方式缺乏足够的认知,给教师参与学校管理带来困惑。

教师参与学校管理的一个重要条件就是要具备参与学校管理的知识与能力。尽管教师在教育教学专业素养上具备相应的能力,但实证调查指出,在我国中小学教师中存在着学校管理知识和能力不足的问题。"打铁还需自身硬",即便有了参与学校管理的机会,如果自身能力不足,教师群体也无法在学校管理中发挥有效的作用,甚至会影响到管理的质量。

---

① 侯玉雪,杨烁,赵树贤.学校治理背景下教师参与学校管理的困境及对策研究[J].教育理论与实践,2019(13).

二、"形式化"民主与教师"无效参与"

"教师无效参与"主要是指学校制定了相应的制度规定和渠道来保障教师民主参与的权利,但往往流于形式,教师的诉求并没有真正得到反馈和吸收。这是当前教师参与学校管理主要的困境之一。

教职工代表大会是教师参与学校民主管理和民主监督最重要的渠道。2017 年的《国家教育事业发展"十三五"规划》、2018 年的全国教育大会均强调教职工代表大会的重要作用,但当前一些学校的"民主化"的制度措施只是从形式上健全了学校制度体系,以应对相关检查,证明其达到了办学标准,教师参与学校管理逐渐走向形式化。这种流于形式的管理忽视了教师的诉求和民主参与的权利,不仅会导致教师缺乏奉献和服务精神,还会使教师工作态度和积极性产生波动,进而影响到教育教学质量和学校管理。

三、信任文化缺失与教师"无意参与"

"教师无意参与"是指教师对于民主参与权利的认识不足,缺乏参与意识。"我只需要专注于教学工作,其他事情与我无关""工作已经够忙了,没有时间参与管理工作"等观念在教师群体中并不罕见。教师形成这些观念的原因有两方面:一方面,教师对自身在学校管理中的主体地位了解不足;另一方面,教师可能因为"教师无法参与"和"教师参与无效"的问题存在,对学校管理层失去信心,主动忽视甚至抵制参与学校管理的权利。

缺乏民主信任的文化氛围是教师不愿参与学校管理的原因。组织文化氛围影响着教师参与学校管理的效果。研究表明,在充满信任、安全感的组织氛围中,在组织成员中更容易发生组织公民性行为,因而更容易调动教师的积极性、主动性和创造性[①]。相反,如果教师对领导或同事不信任、缺乏足够的心理安全感,就极有可能害怕因表达过多而成为"问题教师",从而为了

---

① 王颖,潘茜.教师组织沉默的产生机制:组织信任与心理授权的中介作用[J].教育研究,2014(4).

维护自身利益,选择以沉默或防御的心态面对学校的种种问题,逃避应行使的权利和义务。

教师不愿参与学校管理,有时是由于缺乏必要的激励和保障机制。研究结果显示:大多数教师认为学校缺乏对于教师参与学校管理的激励和保障机制。同时,他们认为即使存在激励机制,其方式也相对单一,难以发挥应有的作用①。在实践中,学校领导往往只注重教师的教育教学,忽视了教师其他权利,致使教师参与管理的政策、制度、经费、设备等相应的保障机制不完善,教师参与学校管理也只能是一种空谈。没有相应的激励和保障,教师参与管理的意识可能也会被打消。另外,教学工作负担重、时间精力有限也是影响教师参与学校管理的重要因素。随着基础教育改革的不断深化,教师的工作量不断增加,工作压力也不断增大。因此,在部分学校管理者和教师看来,参与学校管理事务是额外工作,只会加重教师的工作负担②。

第二节 建构提升教师治理 能力的有效路径

教师是学校治理的主体,要建构完善的学校治理体系,提升学校治理能力的现代化水平,必须以教师的充分参与、有效参与为重要前提。基于上述分析,要确保教师有效地参与学校治理,学校管理者需要有开放、包容、民主的意识,学校需要有相应的制度和机构建设,还需要关注教师的心理效应,帮助教师打开参与学校治理的心结③。从虹口区四中心的实际情况看,近年来,随着学校办学水平的逐渐提升和内部治理体系的不断完善,教师参与民主治理的相应制度已经基本具备,学校管理层也能够充分认识到教师参与学校治

① 宋英波.沙河口区初中教师参与学校管理的调查研究[D].哈尔滨:黑龙江大学,2013.
② 侯玉雪,杨烁,赵树贤.学校治理背景下教师参与学校管理的困境及对策研究[J].教育理论与实践,2019(13).
③ 陈立武.学校治理,需打开教师的心理闸门[J].教育视界,2017(23).

理的积极价值,特别是在协同教育的理念下,我们探索了多种途径以激发和保障教师参与学校治理的积极性。从我们对教师的调查来看,多数教师能认识到自己的学校治理主体价值,也愿意在学校改革发展的过程中贡献自己的精力和智慧。但同时,又有大量的教师表示自己对教育治理的核心理念把握不够,担心自己无法具备与现代教育治理理念和要求相适应的能力与素质。鉴于此,在新时代学校教育改革发展的背景下,要持续推进学校治理体系和治理能力现代化建设,化解教师参与学校治理的困境,最重要的就是要通过持续不断的专业发展提升教师参与教育治理的能力与素养。

一、丰富活动:激发教师专业发展自觉的内推力

教师队伍建设是促进学校发展的动力引擎。在新时代,让教师养成自觉学习、实践、反思的习惯是学校一直以来追求的目标。从概念上说,教师专业自觉是指教师对自己所从事的教育工作的专业性的清晰体认,明确教师专业的特点和发展方向,形成坚定的教师专业信念和崇高的专业理想,主动维护教师专业的声誉[1]。教师专业自觉是教师在职业情感和职业追求中真挚展示出来的态度。为了激发教师的专业自觉,一方面需要教师自身不断积累对教育的情感;另一方面,学校也需要通过外部设计,尤其是丰富多样的活动,帮助教师形成对教育工作的良好认知,积累对教育工作的积极情感体验。基于这一认识,在建立教师专业发展体系、提升教师参与学校治理能力的过程中,我们注重通过丰富的活动来提升教师的职业幸福感,从而激发教师内在的专业发展自觉。

(一) 教师论坛——学习与思维碰撞的平台

学校以教师论坛为载体,积极搭建学习与思维碰撞的教师专业发展平台。根据"四有好老师"标准,学校围绕"为人、为师、为学"主题,外请多位专家来校为教师开展专题讲座,诸如"四史讲坛""儒家的为人处世之道""教师

---

① 曹长德.论教师专业自觉[J].安庆师范学院学报(社会科学版),2009(3).

专业发展自觉""单元教学设计——从解读到行动""协同引领课程改革,项目促进教师专业发展""以教学微技能研究引领教师卓越成长"等。专家的报告不仅开阔了教师的视野,也让教师们进一步明确了新时代教师的责任与担当,以及在教育综合改革赶考路上努力答好考卷的方法与路径。

此外,学校还十分重视教师学习后的思维碰撞,围绕教育教学改革热点问题,如"全员导师制""综合实践活动""项目化学习"等,以教师微报告、微论坛和教师沙龙等方式组织开展学习交流活动,让每位教师都能分享自己的爱生育人、教科研改革的成果经验,从而促进了教师们相互学习、共同成长。

(二)社团活动——个体与团队发展的时空

为了发挥教师特长,促进个体与团队的发展,学校努力挖掘各种资源,拓展教师个性展示与合作学习的时空,让每位教师从中赋能成长。

文化社团组织教师走进大剧院、东方艺术中心等高雅艺术殿堂;阅读社团带领教师们共读《56号教室》《这里的课堂静悄悄》等经典图书;魔方社团指导教师们发展立体思维,让魔方在手指间翻飞;舞蹈社团带领教师们参加拉丁舞入门课程,共塑曼妙身姿;DIY社团带领教师们巧手制作香囊、发卡、皮具等。

协同、快乐、和谐的社团活动不仅让教师获得了不一样的学习体验,还提升了教师的幸福感。

二、项目研究：保障教师专业发展成效的稳定源

在教师科研管理中,学校通过骨干教师的学科号召力,组建项目团队,不断激发教师专业发展的内驱力;开展基于校本化需求的项目研究,在行动研究中不断提升骨干教师的系统化思考的能力以及整个教师团队的专业度。学校与骨干教师们基于学科目前最需要解决的问题确立了科研项目,分别从师训、行规、基础型课程的拓展延伸和探究型课程的活动设计等维度出发,开展项目研究。

为了更好地体现骨干教师以及所有项目组成员的价值,学校在每月汇报

制度的基础上,还建构了包括基础性指标、投入性指标、成效性指标在内的相对全面、科学的项目绩效评价制度,组织团队内教师自评、项目团队之间互评、校外专家盲评等,对科研项目的年度计划、工作进度、目标达成、关键成果等进行充分的绩效评价,形成了项目实践中事事有考评的质量为本的导向,从而对骨干教师形成了有效的推动机制。通过项目团队之间的公开展示与互评,形成了良性的内部激励互促效应。部分团队优秀成果的取得,既点燃了本团队成员向着更高目标迈进的奋斗激情,也激励了其他团队成员对标卓越的发展热情。

值得一提的是,考虑到学校教师的现实情况,特别是教师教育研究理论功底相对欠缺、研究精力得不到有效保障的问题,我们在组织教师开展科研活动的同时,也注重研究模式的校本化创新,特别是各学科教师立足于教学实践需求开展的协同教研,在很大程度上保障了研究的实践价值,也让研究与教师的成长实现了高度契合。

三、分层培养:促进教师专业发展自觉的助推剂

教育既是一种实践活动,又是一种生活方式。教师的专业发展是指教师个体的专业知识、专业技能、专业情意、专业价值观、专业发展意识等专业特性的提升,且贯穿于教师的整个职业生涯中。对于以"教书育人"为终身职业的教师来说,整个职业生涯是一个发展变化的过程,不同的阶段有着不同的发展任务[①]。近年来,随着教师职业生涯阶段理论的提出和研究的不断深化,人们越来越清晰地认识到教师专业发展的阶段性特征,认识到处于不同发展阶段的教师有着不同的成长需要,这种认识得到了大量实证研究的检验[②]。基于这一认识,学校在推动教师专业发展的过程中应该摒弃"一刀切"的思路,要根据不同年龄段、不同专业发展阶段的教师特征开展有针对性的培训,并根据他们的发展阶段、发展特征和发展成果为教师提供相应的展示平台。

---

① 李剑.不同职业生涯阶段教师的专业发展[J].教育理论与实践,2009(26).
② 钟祖荣,张莉娜.教师专业发展阶段的调查研究及其对职后教师教育的启示[J].教师教育研究,2012(6).

在教师专业发展理念导向下,学校坚持以发展导向,加强教师队伍建设,并以师资水平的整体提升带动学校发展。学校积极落实八级及以上岗位教师履职方案、新教师培养方案和骨干教师培训方案。根据各类方案以及教师个人发展规划,采用分层培养、合作共赢的方式,设立了"合格教师—成熟教师—骨干教师"的梯队建设指引。

以下案例展现的便是学校教师专业发展分层培养的思考与实践。

【案例】聚力赋能 协同致远——学校教师专业发展的思考与实践①

党的十九大以来,上海的基础教育系统认真对照"努力让每个孩子都能享有公平而有质量的教育"的目标,在不断加大课程改革的"力度"、夯实教育公平的"厚度"、拓展教育服务的"宽度"、提高教育普惠的"温度"上,正努力朝着人民群众期盼的更美好的教育阔步迈进。

作为一所基层学校,如果要在新时代的新征程中踏准这样前行的步点,就必须牢牢抓住教师队伍建设。因为一所学校教育的高度由教师队伍的专业水平决定,教师的专业能力是一所学校发展的关键。要真正做到优质均衡并不容易,面对诸多新教师的加入,如何抬高底部确保均衡?如何激发不同层面教师专业发展的内在动力,提升队伍的专业品质?这些成为现代教育背景下四中心直面的重要问题。以下3个故事,能展现四中心在教师专业发展方面所作的努力。

一、校本规培:从一年到三年,提升均衡度

在学校教师队伍的整体格局中,初职教师往往是底部。近10年,四中心进了许多新教师。他们的加入让学校充满了活力,同时给学校教育教学整体质量带来了新的挑战。作为上海市首批教师专业化发展校暨见习教师培训基地校的四中心,在认真完成区域教师培训任务过程中,发现这些培训课程远远不能满足新教师的需求。当理论与现实产生矛盾时,这些新老师总会措手不及,教学质量就难以保证。

---

① 注:本文为笔者在2018年上海市小学教育管理委员会年会上的发言。

要确保学生享受到公平而有质量的教育,我们的策略就是聚学校成熟骨干教师的教育教学经验之力,组成团队,将原有校本培训中的主题进行精细划分,开发主题鲜明的3年培训课程,精准回应并解决职初教师职业发展中关注的问题,让培训课程落实、落细、落小。这样的课程注重培训本身的"精度",延伸的不仅仅是时间的"长度",还有新教师专业积累的"厚度"。就像给钟表上紧发条一样,虹口四中心期望给职初教师积蓄更多的成长力量,夯实他们职业初期的发展根基。目前,我们初步形成了一套校本培训课程,为职初教师赋予规准实施教育教学之能,逐步抬高底部,提升我校师资队伍的均衡度。

二、课题深化:从个体到团队,提升优质度

作为基层学校,我们始终认为,在课程与教学改革中一定能找到一种可操作的、符合学校文化的实施途径。学校有许多3年以上的成熟教师,他们的发展显然至关重要。那么学校又该采用怎样的策略,让教师个体通过改革发展自我,成就学生,提升整个学校办学的质量呢?

一次偶然的听课机会,让虹口四中心开启了协同教学的旅程。主要的抓手在校本研修中,我们打破学科疆界,通过跨学科协同教研活动,对基础型课程进行整合、创造与实施,以此提升教师群体课程领导力,让这部分群体持续优质。

协同教学开展至今已有13年,我们主要经历了3个阶段。

初创阶段(2005—2008年),完成各学科协同教学指南的编制,使基础型课程资源得以有机统整,提升了成熟教师的课程统整力。

规范阶段(2009—2012年),制定并实施协同教研环节,使各学科协同教学指南得以有效落实,提升了成熟教师的课程执行力。

深化阶段(2013年至今),开展以激发学生学习内驱力为核心的教学实践研究,使协同教学得以绿色实施,提升成熟教师的课程开发力。

无论是编制指南,还是协同教学的实施、深化,学校都要求每个教师先对本学科进行反复梳理、提炼,再与其他学科教师共同寻找、确定协同点,随后以主题形式,各学科教师一同开展设计、实施、完善每个"协同点"。这种教研

基于本学科，又有跨学科研讨活动，不仅仅强调学科知识间的协同，更强调不同学科团队之间的思维碰撞和教师间的资源共享。成熟教师在课程理解、统整、开发与实施等方面的能力因此获得发展，团队的共同进步提升了学校师资优质度。

三、项目引领：从碎片到系统，提升专业度

协同教学在四中心已是一种常态化的课程实施方式。它不断通过外力"碰撞""挤压"，推动着成熟教师的发展。在学校中，还有一批骨干教师值得我们关注。他们在自己的学科上已经具有一定的影响力，作为学校，又该如何点燃他们内心的火焰，激发他们不断走向新的高度，成为学科领袖呢？

我们的策略是通过骨干教师的学科号召力，组建项目团队，不断激发他们专业发展的内驱力，开展基于校本化需求的项目研究，从而在行动研究中不断提升骨干教师的系统化思考的能力以及整个教师团队的专业度。

首先，自下而上，基于校本学情，确立项目主题。学校与骨干教师们基于学科目前最需要解决的问题确立了多个项目，分别从师训、行规、基础型课程的拓展延伸和探究型课程的活动设计出发，开展项目研究。如，"行规'如何'课程""悦读悦心""读数学，玩数学""节日文化之旅""中华艺术校园行""九子游戏""科创中心（纸上生花）""入职3年教师培训课程建设"等。

其次，自上而下，组建项目团队，开展项目研究。在骨干教师的号召下，学校组成项目组。通过专家引领，骨干教师带领团队破解项目探索中的关键问题，从而一步步提高骨干教师的影响力。

最后，上下结合，开展多元评价，提升项目质效。为了更好地体现骨干教师以及所有项目组成员的价值，学校还建构了包括基础性指标、投入性指标、成效性指标在内的相对全面、科学的项目绩效评价制度，形成了项目实践中事事有考评的质量为本的导向，从而对骨干教师形成了有效的推动机制。

实践中，我们发现学校通过项目引领，聚骨干教师学术影响之力，赋团队提炼实践经验之能，从碎片化思考到系统构建，从而提升师资队伍专业度的策略是有效的。

由上述案例可见,在这个新时代的新征程中,教师队伍建设是基层学校踏准前行的关键。一个学校的教育质量很大程度上取决于教师队伍的专业水平,因此提升教师的专业能力是学校发展的重点。然而,要实现优质均衡并不容易,特别是面对新教师的加入,我们需要抬高底部,确保教师队伍的均衡度。同时,我们也需要激发不同层面教师专业发展的内在动力,提升队伍的优质度,使学校整体教师队伍能够符合高质量办学的需求。

第七章

协 同 成 效

——学校质量的"三新"阶段

在推动学校治理体系和治理能力现代化建设的过程中,协同教育在课程协同教学的新样态、师生专业成长的新境界和学校优质发展的新台阶三个维度取得了成果。

从中外教育史来看,教育改革无疑是一种常态。改革往往被看作是教育发展的一个必然途径,"没有改革就没有发展"似乎已经成为一个世界性的共识。改革的一个基本假设是,改革前的某些状况是不好的、存在问题的,通过改革可以改善不好的状况,从而达到发展的目的。当然,这只是其中一个原因。更重要的原因在于,教育承载着培养人的重任,"人兴则国旺"。当社会出现一定问题时,人们常常将视角转向教育改革,期望通过改革教育来培养社会所需要的人才。同时,一些教育家也将教育当作改革社会的重要手段,甚至认为社会所出现的某些问题本身就是不合理的教育制度所造成,希望通过改革教育来革除社会弊端①。然而,在教育改革进程中,我们有必要思考一个现实问题:教育改革是否必然促进教育发展? 如果答案是否定的,那么什么样的改革才能算是成功的改革? 教育改革成功与否的标准应该如何构建? 从经济学的角度来看,人们通常以"以最少的投入获得最多的产出"来判断改革的成败。然而,教育活动与经济活动不同,很多时候无法准确衡量教育改革的投入和产出。因此,要评判教育改革的成败,必须从实践的角度出发,审视改革前后的变化,并通过比较来判断改革的价值,寻找改革中存在的问题,为未来的持续变革路径提供指引。由于教育的复杂性,通常情况下,一项成功的教育改革应该在学校的许多方面体现出积极的影响,但其中核心的表现一定是激发学生成长状态、有效改进课程教学以及焕然一新的学校整体面貌。基于这一认识,经过系统反思,我们认为,在推动学校治理体系和治理能力现代化建设的过程中,协同教育至少取得了3个维度的重要成果,即课程协同教学的新样态、师生专业成长的新境界和学校现代发展的新台阶。

---

① 朱丽.什么是成功的教育改革——教育改革成效评价标准构想[J].教育发展研究,2011(6).

第一节 课程协同教学的新样态

课程和教学是学校发展的关键要素,就学校教育研究和实践的现实情况看,大都通过课程和教学的改革撬动整个学校治理体系的系统创新,进而提升教学质量、办学水平和育人成效。从虹口四中心的实际情况看,我们开展协同教育的研究最初也是从协同教学的单一维度开始的,后来延伸到课程建设、教师队伍建设、学生培养等其他维度,因此,总结协同教育的研究与实践成效,最直观的就是学校课程和教学领域的变化。

一、打造协同平台,提升学习力

"教育"一词在我们看来,是根据一定社会的现实和未来的需要,遵循年轻一代身心发展的规律,有目的、有计划、有组织、系统地引导受教育者获得知识技能、陶冶思想品德、发展智力和体力的一种活动。基于这样的认识,协同教育在我校的现阶段的发展还不够成熟。但为了达到这一目标,我们在过去几年中提出了我们的分阶段目标,即追寻绿色协同教学,并以此确立了"统整理念下的小学协同教学实践研究——基于小学生协同学习的教师教学实践研究"课题。它既指向学生的学,也指向教师的教。为了更好地体现"以学生为中心"的教学,我们探索与实践了协同学习的教学方式。所谓协同学习,"协"的是各种资源,包括课程资源、师生与生生资源、社会资源等;"同"指的是学生以小组合作的形式共同开展互惠的学习活动。在协同学习中,学生确定共同的学习目标以及每个人的角色与任务,通过分组讨论、共享成果、互动帮助、群体指导等方式,使学习目标更深刻、学习过程充满趣味和挑战。在协同学习过程中,学生对同伴的分享会产生更多的思考,跨学科的统整意识逐步得到提升,学生的综合能力也获得发展;对教师而言,就是要基于学生学习起点,开展教学策略的相关实践研究,在帮助学生开展协同学习的同时,提高自己协同教学能力。

回溯我们的研究过程,除了实实在在提升了本校课程与教学的实施水平之外,还通过案例研究的方式充分整理和生成教学经验,并通过一定的平台传播辐射这些经验,体现了一所高品质学校应有的担当。在案例研究中,我们一般围绕一个主题开展深刻的剖析,通过对比研究的方法进一步寻找协同学习有效落实的途径与方法。以下是学校一名科学与技术兼职教师在教学三年级科学与技术《分析推理》一课中对绿色协同的再认识与尝试。

【案例】追求让学生满意的绿色协同课——以科学与技术学科三年级《分析推理》一课为例

我校的协同教学从 2005 年至今已有 18 年。在整个课题推进过程中,从 1.0 版的协同指南的编写、2.0 版的协同教研流程的建立,直至到现在的 3.0 版的以学生问题起点为核心的协同策略研究,我们每一步都在追问自己:怎样的协同是师生满意的? 一次次的研讨让教师对协同的意义有了更清晰的认识,一场关于以提高学生学习内驱力为目标的绿色协同的讨论在校园内持续展开。

一、何谓满意

我校所倡导的绿色(GREEN)协同中的 G,可以用 gratification 来诠释。其根本意思就是满意,即意愿得到满足,符合心愿。这是绿色协同教学的宗旨,即追求令学生满意的协同教学。怎样的协同教学才能让师生满意? 这里的"满意"有以下几层意思。

(一)教师层面

1. 教学设计

在设计过程中,教师应当首先感受到学科整合的必要性,主动跨学科与相关教师进行整合部分知识的教学探讨,思考采用怎样的教学策略以求得设计过程中的灵感。其次,在设计过程中,教师对怎样整合知识有自己的思考和判断,要更多地从学生角度出发叩问自己:这样的整合协同是否真正尊重学生的学习的知识起点? 这样设计会不会激发学生的学习兴趣? 学习过程是否因为整合协同而变得更有挑战性,充满思维的色彩? 教师的教学设计不再是囿于经验,而是采用多种教学策略精心设计学生学习活动,教师在思考设计的过程中获得满足。

2. 教学过程

要让整个教学过程能按照教学预先设计的方案顺利进行,让教师设计的意愿基本实现,最重要的是教师能看到学生在教学过程中的积极参与。活动开展有序,学生学习积极性高涨,真正的思维在课堂上获得发展,教学有效性因整合而更扎实、宽广、富有深度,教师也因整合适切、教学策略运用得当而使教学任务完成顺畅,从而感受到一种满足。

(二) 学生层面

活动中,学生会经历"问题呈现—问题解决—实践应用—新问题产生"的学习过程。整合后的教学过程让学生有更多的时间去学习本学科知识,使学习效果更为扎实,目标达成度高,学生因掌握知识而满足。此外,教师采用不同教学策略,真正从学生学习起点出发,且尊重学生认知水平,重视非智力因素,所以学生的学习过程充满激情、充满快乐,学生在享受愉悦中同样获得满足。

绿色协同中的满意是一种追求学与教的满意,需要每位教师的智慧协同。

二、案例剖析

(一) 案例呈现

1. 教材内容

三年级第二学期的科学与技术学科,最后一个单元是"分析推理"。此单元共有两个教学内容。

2. 教学目标

(1) 推理是对观察到的现象作出的符合逻辑的解释。推理的结论不一定是事实。人们可以根据经验和科学知识推断事物发展的过程和结果。

(2) 把数据整理成图表,能更清晰地作出比较或发现规律。要使数据变得有用,必须思考数据说明了什么,能不能支持假说。

3. 知识协同点

可以与数学学科整合协同。通过科学与技术学科教学,让学生知晓折线统计图的作用,能正确绘制简单的折线统计图,并能根据图表做出合理的推理分析,为五年级数学学习折线统计图打下基础。

4. 协同教学过程

表 7-1 协同教学过程

序号	原协同教学过程		序号	新协同教学过程	
	环节	教 学 过 程		环节	教 学 过 程
一	新课引入	我知道,同学们都收集了从出生至今自己体重变化的数据,那么怎样来表示这些数据的变化呢?今天我们就一起来学习一种新的统计图:折线统计图	一	新课引入	师生问答: 1. 同学们,我们学过哪些统计图表?(统计图与条形统计图) 2. 你能说说这些统计图表有哪几部分组成吗? 3. 说说这些图表的作用
二	学生自学	看书中折线统计图,以小组形式,回答如下问题: 1. 这张折线统计图的横坐标表示什么,纵坐标表示什么?你是怎样知道的? 2. 图中的折线是怎么来的? 3. 你从这张图中发现了什么? 4. 怎样合理使用折线统计图与条形统计图?	二	前置学习	现在有两组数据,两张统计图表,你能看懂吗,还有什么问题? 1. 小明从出生到10岁的体重变化数据(折线统计图) 2. 小明所在小组的6位成员出生时的体重(条形统计图)
三	反馈小结	略	三	统计分析	1. 学生都能看懂两张统计图表,特别是折线统计图。学生根据已掌握的条形统计图,自主迁移到折线统计图。为此,学生很容易掌握折线统计图的特征 2. 根据两个图表,学生能通过观察与比较得到推理的结论,没有困难。 3. 但对两种图表适合在怎样的情况下使用才能让我们更为精准地去分析推理,学生表述不清。

续 表

序号	原协同教学过程		序号	新协同教学过程	
	环节	教 学 过 程		环节	教 学 过 程
四	跟进练习	请按照这样的方法,把自己体重变化的数据制作成折线统计图	四	教学策略	围绕上述的第三个问题,组织学生开展讨论。理由:因为选择合适的图表可以让我们更清晰地作出比较或发现规律。这正是本节教学的重点所在
			五	跟进练习	请按照这样的方法,把自己体重变化的数据制作成折线统计图

（二）案例启示

1. 学生学习起点得到关注

新课程理念强调以学生发展为本。在教学过程中,教师首先要找到学生学习这个知识现在在哪里,应该走到哪里,要怎么走。只有找到学生的学习起点和问题这个"牛鼻子",才能让教学更有效,才能把新课程理念落到实处。

在改进后的新协同教学中,教师更关注学生问题起点,运用了前置学习策略,设计了前置学习单,让学生通过知识迁移自主学习折线统计图。从课堂反馈来看,学生确实能很快看懂,不存在困难,对"折线"两个字也能理解。学生在折线统计图的制作上不存在问题,但在两种图表在何种情况下使用才能更精准地分析推理的问题上,学生表述不清。对教师而言,这就是学生的问题,也是教学的起点。

2. 学生学习动力获得激发

为了体现以学生发展为本的新课程理念,上海市连续多年推出了绿色指标的测试,虹口区紧紧抓住学习动力指数,先后开展了3次有关学生学习动力指数的测试,覆盖一、三年级学生。学习动力源于学习自信心、学习动机、学习压力、学校认同度4个方面。我校在历年的测试中,并没有呈现出较好、稳定的指数。究其原因,在基于课程整合的协同教学中,更多的是从教的角度去思考,但有时并未达到预计的效果。学生并没有完全进入学习状态,教师对教材的整合使学生学习没有了挑战,缺乏学的味道,也可能并未感受到协同所带来的学习快乐。为此,我们需要重新审视协同教学,思考什么样的整合最能激发学生学习动力。

在本节课中,通过前置学习后的统计分析,教师找到了学生学习起点,并设计了讨论的环节,让学生在学习过程中有问题可思、有问题可探、有问题可破,使学习真正发生在课堂上。在实践结果上,学生们不仅解答了问题,而且体验到了学习的快乐,享受着获得新知的喜悦。相信如果这样的课堂经常发生,学生的学习动力一定能获得长效的激发。

3. 学生学科素养得以巩固

协同教学的本意是希望通过课程整合而让教学有更多的学科学习时空,从而让学生学科素养得以提升,但如果我们的教学是没有学生学习起点的整合,这样的时空可能很难得到保证。为此,我们必须尽可能在教学前了解学生,找到学生的学习起点,从而聚焦学生学习问题,尽快帮助学生掌握新知,省下来的时间则可以拓展学生学科知识,使学生学习能力获得提升。

在本节课中,教师通过前置学习找到了学生的问题,聚焦于一个问题,组织学生开展讨论。实践证明,学生通过比较突破了这个难点。为此,在第五个环节——跟进练习中就有了充分的时间,学生通过学习均绘制出了一张折线统计图,并通过分析推理获得了信息,学生的学科素养得到了提升。

三、未来畅想

未来,协同要想让师生满意,还面临许多挑战。从客观上来说,上海的课程与教材的变化,使教师需要从头开始对教材进行整合,在某种程度上会影响协同的进一步实施。从主观上来说,如果我们的课程观只是为了完成本学科的知识教学而忽视学生的学习兴趣和学习能力的培养,长此以往,协同教学就无法为师生幸福导航,让师生满意就成为一种奢望。

为了更加有效地激发学生学习动力,需要做到:在教学过程中,首先要牢固树立教是为了不教,学是为了未来生活更加美好的信念;其次,教师在实践过程中需要认真学习领悟已经形成的学科协同指南,通过自己的经验,有机融合教学策略,甚至辅之以信息技术,设计出基于学生学习起点的协同,以此让对学生问题的关注真正发生,并能成为学生持续学习的动力。如能做到这样,此时的学与教、此时的协同才能体现绿色协同的宗旨,才能符合学生的发展。

未来,绿色协同之路还很漫长,让我们协力齐心,和合共同,用责任与智慧开展更多让师生满意的协同教学!

以上案例展示了在改进后的协同教学中,关注学生的学习起点、激发学生的学习动力以及巩固学生的学科素养的重要性。这些策略可以帮助教师更好地引导学生的学习,并提高他们的学术表现和学习动力,也更符合学校开展协同教学的初衷。

二、建构课程框架,提升领导力

自 1952 年美国哈里·帕索(A.Harry Passow)提出"课程领导"的概念以来,对"课程领导"的研究就一直在升温,并且形成了一些成熟的模式。随着"课程领导"这一理念的成熟,之前人们用的"课程管理"一词已经慢慢被"课程领导"取代。"课程管理"更像是一种"监控","课程领导"这一理念则寻求摆脱这种"管制"思想,这样学校的决策和实践就不再是受上级行政部门的驱动,而成为一种"自发"的行为[1]。课程领导的本质是指脱离监督和控制为主的传统管理模式,将课程活动看成是学校领导和教师共同参与的事件。近年来,对于学校课程领导力提升的研究与实践越来越受关注。特别是在上海,自上海市教委 2009 年启动学校课程领导力项目以来,历经 10 多年 4 轮的行动研究,学校课程领导力已深深印入上海中小学校长、教师的脑海中[2]。4 轮课程领导力项目研究积累的经验及其所形成的上海模式,在国内外教育领域产生了很大反响。

---

① 鲍东明.关于西方课程领导理论发展趋向研究[J].比较教育研究,2016(2).
② 金京泽.简论学校课程领导力之上海模型[J].上海课程教学研究,2019(12).

在协同教育的探索过程中,虹口四中心也参与了上海市的课程领导力项目,开展了"课程统整理念下综合主题课程的开发与实施"研究。随着研究的开展,我们深刻感觉,这一过程带给我们的不仅是一套新的综合课程的建构,也不仅是学校课程理念、课程体系的进一步完善,更重要的是学校课程领导力水平的不断提升。这种提升体现在以下两个维度。

其一,校长课程领导力水平的提升。校长课程领导力,是指校长根据学校育人目标进行课程建设,以全面提升学校教育质量的能力[1]。校长的课程领导力是学校内涵发展的客观需要,也是促进学生个性化发展的必然要求[2]。提升学校课程领导水平,首先需要提升校长的课程领导力。笔者作为校长,全程参与了学校的课程领导力项目和协同教学改革。在这一过程中,笔者能够始终站在研究与实践的前沿,积极谋划课程研究的思路,提供课程变革的指导,为学校整体的课程建设提供设计和引领。并且笔者明显感觉自己的课程意识和课程能力在加强,领导的风格也逐渐消退了行政色彩,学术和专业引领成为常态。

其二,教师的课程领导力水平提升。教师的课程领导力既指教师设计和规划课程的能力,又指教师的决策能力和调控能力,表现在课程规划、开发、实施、评价等过程中为学生设计个性化教学、备课和设计校本课程,以及营造学习氛围、激发学习兴趣、实施有效教学等方面。教师的课程领导力要求教师对自身的教学要有深刻的思考,要由知识的"传授者"转型为课程的"领导者"[3]。在协同教育的开展过程中,课程的开发、教学的改革、项目的研究,都要求教师全程参与;课程计划的编制、评价体系的建构等,也都是教师集体智慧的结晶。这种全过程的参与,让教师对于课程领导的概念更加清晰,其课程理解力、执行力、评价力得到了有效提升,学校课程领导力的整体提升有了坚实的基础。以下是学校课程计划编制的案例,充分表现了教师参与计划编制过程中自身课程领导力得到提升。

---

① 裴娣娜.学校教育创新视野下中国基础教育课程改革的实践探索[J].课程・教材・教法,2011(2).
② 雷万朋,马丽.赋权与增能:中小学校长课程领导力提升路径[J].教育研究与实验,2019(3).
③ 陈莉.教师课程领导力发展的困境与突破[J].教学与管理,2019(15).

【案例】为了每个孩子的想学、会学与乐学

——虹口区第四中心小学课程计划编制

课程计划是对学校近期目标、课程设置、课程内容、实施方法与策略、管理评价等可操作性措施的整体规划,是对学生在校学习时间、空间与学习内容的整体规划,影响着学校人力、物力、财力等的整体安排,带动着教学实践与研究工作的开展,指导着教师的专业成长。

一、引子

我校每学年按规定制订课程计划,并努力通过一系列课程教学实践将其落到实处。可以说,我们的课程与教学在计划的指引下稳步而有序地进行,学生在校内外均取得了不俗的成绩。

学校的办学理念是"让师生乐于学习",如何让师生一直充满对学习的渴望与热情是我们一直思考的内容。

二、探索

带着这样的疑惑,我们请教了专家。在得知我们的诉求后,专家的一句话瞬间点醒了我们:"你们在制订课程计划时有没有把它和学校的发展规划相联系呢?"在我们以往的课程计划制订中,似乎只是考虑了市教委规定的科目与课时的保障,学校的发展规划根本没有作为我们制订课程计划的依据。原来脱离了发展规划的课程计划就像折翅的小鸟,是飞不起来的啊!

如何将我们的办学理念"让师生乐于学习"与课程计划相契合呢?

(一)"三步"建构课程框架

第一步,笔者首先组织了一场全体教师参与的沙龙讨论。在讨论中,教师们的发言涉及课程计划中的基础型课程、拓展型课程与探究型课程,并都期望从这 3 类课程中做些尝试来激发学生的学习兴趣。

第二步,找出课程理念与目标。它既要符合学校的校情,还要指向学生的未来。基于"让师生乐于学习"的办学理念,以及"协力齐心、和合共同"的共事准则,我们将"协同有效"作为课程理念,同时把我校的课程目标制定为"想学、会学、乐学",即从 3 个层次来阐释学生学习的 3 个过程。我们希望学生首先对学习有求知欲,其次对学习有方法,再次从学习中获得快乐,从而更爱学习。

第三步,在课程理念的指引下,进一步理清学校课程目标的内涵。首先,"想学"强调的是学习的动机和意愿。一个人应该有强烈的求知欲望和主动学习的意愿。只有想要学习,才会主动去寻求知识,去积极主动地探索和学习新的事物。想学是激发学习动力的起点。其次,"会学"强调的是学习的方法和技巧。学习方法和技巧是高效学习的关键,可以帮助学生更好地理解和掌握知识。通过学会正确的学习方法,学生可以更快地获取知识,提高学习效率,并且能够更好地应用所学知识解决问题。最后,"乐学"强调的是学习的态度和乐趣。乐学意味着对学习抱有积极、愉悦的心态,将学习视为一种享受和兴趣。当学生对学习充满兴趣时,他们会更加主动地去探索和学习新的知识,也更容易坚持学习并充实自己。

基于此,再结合我校的育人目标,我们新的课程结构框架基本成型了。

(二)"三策"落实课程计划

之后,我们根据已有的课程结构框架,重新撰写了我校的课程计划,并在新学年开始了计划的实施与完善工作。

为了切实把"让师生乐于学习"的办学理念和"协同有效"的课程理念落到实处,在推进课程与教学建设过程中,我们选择了以下主要策略。

1. 整体设计

构建完整科学的课程体系,使我们的课程与教学建设更具科学性与操作性,以凸显我们的办学理念、课程目标与培养目标。

2. 规准实施

根据上海市教委《关于基于课程标准的教学与评价》相关文件精神,积极研究课程标准,制订实施方案,努力开展尊重学生学习起点、遵循课程标准的教学实践与评价研究,落实减负增效,让课程与教学更有效。

3. 品牌建设

为了落实国家课程校本化实施的要求,我校以"课程统整理念下的小学协同教学实践研究"项目为核心,聚焦基础型课程,打破学科疆界,通过课程统整、教学协同的研究实践策略,不断提升课程领导力和执行力,打造协同教学品牌。

三、思考

对于学校来说,课程领导力是指校长领导学校全体教师创造性地实施新课程,全面提升教育质量的能力,是学校对课程规划、建设、决策、引领、实施、管理和评价的能力。包括对国家课程的正确理解和对学校课程的准确定位、相互补充与整体功能的思考;发展和完善各种实施策略,建立健全各种保障系统,保证课程政策与要求落到实处;对学校内外教育教学资源的挖掘、组织和整合;对学校课程文化的建构能力;等等。

落实课程领导力最有效的载体是学校课程计划,课程计划的编制是课程计划是否能有效落实的关键点。整体课程计划的设置与办学目标、培养目标的匹配性还需要在研究中进行进一步梳理与整合。同时,我们的课程也需要根据课程目标再次进行梳理与分类,使得课程体系与课程目标的指向性更明确,更便于课程计划的落实。

日本学者佐藤学在《静悄悄的革命》中说:所谓课程,一言以蔽之,就是学习的经验。课程是学习的经历、轨迹,也是学校教育的载体,反映了学校文化的个性;课程的品质决定着学校的教育质量。只有着眼于课程领域的改革,才能突破学校发展的瓶颈、创新学校课程、实现学校文化建设新的价值。

从上述案例我们可以看到教师课程领导力的提升可以帮助学校更好地实施新课程,提高教育质量。

首先,教师提升课程领导力需要正确理解国家课程和学校课程。教师需要深入理解国家课程的要求,并将其与学校的实际情况相结合,准确定位学校课程的发展方向。只有在正确理解课程的基础上,才能更好地引领学校课程的发展。

其次,教师提升课程领导力需要发展实施策略和建立保障系统。教师需要研究并制定各种实施策略,确保课程政策和要求能够落到实处。同时,还需要建立健全各种保障系统,为课程的实施提供支持和保障。

再次,教师提升课程领导力还需要挖掘、组织和整合教育教学资源。教师应该积极挖掘学校内外的教育教学资源,并将其组织和整合起来,为课程的实施提供有力支持。只有充分利用各种资源,才能更好地实现课程目标。

最后,教师课程领导力还需要具备课程文化建构的能力。教师需要在课程的实施过程中注重培养学校的课程文化,使学校的课程具有个性和特色。课程的品质决定着学校的教育质量,课程文化的构建能够为学校教育的发展提供新的价值。

三、打磨科研项目,提升研究力

中小学教育科研是整个教育科研事业的重要组成部分,当前的中小学科研工作正逐步从配套支撑的"科研兴校"时代迈向引领发展的"科研强校"时代(见表7-2)。党的十九大报告指出,建设教育强国是中华民族伟大复兴的基础工程,科研强校则是建设教育强国的基础性工程。

表7-2   科研兴校与科研强校的发展使命比较[①]

不同角度	科研兴校阶段	科研强校阶段
认知层次上	服务于学校中的某项具体工作的领域	服务学校整体发展和国家战略发展需要
价值追求上	追求科研规模、层次等外在形式	追求科研质量和实效等实质内容
作用发挥上	边缘性、局部性、配角性	基础性、全局性、引领性

尽管中小学教育科研工作取得了不少成果,但仍然存在着一些问题需要解决,其中最突出的问题是教师的研究能力不足和研究定位不准确。在协同教育的理念下,我们根据学校发展的核心问题构建了宏观课题,并根据教师的实际情况划分了相关课题,帮助教师准确定位研究方向。此外,我们还聘请了指导专家、组建学术团队、加强科研骨干的引领,以解决教师科研工作中

---

① 曾天山,杨颖东.新时代科研强校的使命、基本特征与推进策略——以北京市科研强校实践为例[J].教育理论与实践,2018(22).

个人能力不足的问题。在这一思路的指导下,学校近年来积极开展了一系列主题鲜明的研究,有效地推动了学校发展中困难的解决,并在学校内部形成了良好的科研氛围,取得了一系列令人满意的研究成果。特别是自第八期规划实施以来,学校一步一个脚印,始终承担着自己的社会责任,为实现区域教育均衡作出了努力。我们勇于进行教育教学改革,积极参与各级科研项目,使学校始终处于教育综合改革的前沿,同时也推动了学校的进一步发展。

表7-3 学校近年来所参与的各类市区项目

项目级别	项 目 名 称	主 要 研 究 内 容
国家	中美"千校携手"环保项目	"纸上生花"创意环保课程的开发与实施
市级	第二轮课程领导力	"纸上生花"创意环保课程的开发与实施
		课程计划的编制与完善及其基于证据的实证研究
		跨学科教学指南
	上海市教科院普教所学校发展合作项目	IPA综合实践活动的开发与实施
区级	教师专业发展自觉	探索有效提高教师专业发展的途径与措施,并形成经验与案例
	绿色生态教育课题	IPA综合实践活动的开发与实施
校级	第三期协同教学研究	1. 协同学习小组的教学实践 2. 基于核心问题的教学策略研究 (前置学习策略和任务导向策略)

在学校近年来承担的一些研究项目(见表7-3)中,我们不仅能够按照时间节点及时完成研究,也能够认真总结经验,打造科研精品项目。

(一) 深受学生喜爱的"纸上生花"项目

"纸上生花"项目源于中美"千校携手"环保项目,主要由教育部国际交流司组织开展。作为第一批入选的学校,我们将学校原有的创意环保活动上升到课程层面,通过四年级的课程实施更好地落实创意环保的目标。我校的课程设计受到了总项目组的认可,并于 2015 年 12 月和 2016 年 1 月在华北与华东地区的论坛交流会上做主旨发言。

自 2015 年 9 月起,学校参加了上海市课程领导力第二轮行动研究项目,并且为了让"纸上生花"项目能更多地惠及学校的每一位学生,学校以该课题作为自选课题进行了进一步研究。在专家、总项目组的引领下,学校组建了创智团队,逐渐形成了课程指南、一至五年级的课程内容、教学资源包等内容资料,并主要在科学、探究课中进行课程实施。同时,为了让学生能在课余时间也积极投身于创意环保活动中,学校每一学年的科技节活动都是围绕"纸上生花"主题开展的。每学年几乎百分之百的学生参与率,使"纸上生花"项目成为学生津津乐道的课程。

(二) 规范课程建设的课程计划编制研究

这一课题是上海市课程领导力第二轮行动研究中的必选课题。在课题的引领下,我们重新梳理了学校的课程框架,从学校的校情、学情分析入手,明确了培养目标与课程设置的关联度,并且根据学校的培养目标厘定了课程目标、课程设置、课程实施和课程评价等相关内容,使得我校的课程建设步入更规范的台阶。在课题研究中,我校许珺老师撰写的课程计划案例被上海市总项目组评选为优秀案例。同时,《课程计划引领学校发展》一文于 2017 年刊登于《现代教学》杂志。

(三) 统整理念下的综合实践活动课程研究

综合实践活动课程在 2018 年正式进入上海市小学生的课表。我校早在 2016 年便开始探索"统整"理念下的综合实践活动课程,简称 IPA 课程。我校的 IPA 课程重在帮助学生联结学科知识间的联系,主要通过探究课来进行课程活动体验,让学生在实践中感知、加深对学科知识的理解与运用。

例如,在这 3 年来,我们从"我与自我""我与自然""我与社会"三大领域进行课程内容的开发与实施,受到了学生的欢迎、家长的认可。以一年级第一学期为例,我们开发了如表 7 - 4 所示的 5 个主题内容。

表7-4 学校统整理念下的综合实践活动课程体系

年　级	IPA　主　题		能力指向	涉及学科
一年级(上)	我与自我	我们的手	社交能力 沟通能力 自我管理能力	科学、道德与法治、 美术、英语、音乐
	我与自然	蚂蚁王国	思考能力 研究能力 社交能力	美术、科学、道德与 法治
		一颗小米粒的话	思考能力 研究能力 沟通能力	美术、科学、语文、 道德与法治
	我与社会	摇啊摇	研究能力 思考能力	美术、科学
		安全童行	社交能力 沟通能力 自我管理能力	体育、英语、美术、 道德与法治

（四）师资队伍培养的教师专业自觉项目

"教师专业发展自觉"项目是虹口区的区级重点课题。作为该课题的子课题,我校在教师专业自觉项目中把教师协同团队学习作为研究内容,力图通过协同团队的建设,寻找出一种建立在协同团队学习基础之上的、促进教师专业发展的参与式校本培训行动模式。其中,我们进行了运行流程的研究,从头脑风暴、案例解析、观察量表的运用等方面对教师培训进行探索。同时,我们也进行了运行模式的研究,通过工作坊模式、教学微观研究模式,有效提高了学校教师的专业发展自觉能力。该科研成果在区第十二届教育科研成果评选中荣获二等奖。

（五）绿色协同的第三期协同教学实践研究

新时代学校的协同教学,我们提出了新的目标。绿色协同让我们的教学氛围更有活力、更和谐,但这也需要我们对协同进行再思考与再梳理。

我们每学期坚持开展两次以上的协同教研活动,目的在于通过跨学科的教师研讨,更好地寻找到协同资源点,从而对学校的协同教学指南进行进一步的修正。

我们开展协同学习研究,目的是通过各种资源的整合和学生角色、任务的分工,让学生能在小组合作中获得互惠的学习成效。为了达成协同学习的目标,我们主要运用两种教学策略来帮助我们实施协同学习:一是前置学习策略,二是任务导向策略。对于教师而言,教师首先通过前测单的运用,找到学生问题的起点,也就是找到能够教学中有效在激发学生学习积极性的内驱力所在。接着,教师运用任务单的形式,引导学生通过小组合作、分工共同解决问题,使得学生的协同学习得以有效落实。

目前,我们将实践中的所思、所想、所积累的案例进行集结,已形成《协同教学:意蕴与智慧》和《协同教学三策》两本著作,为学校今后的进一步教学研究提供扎实的基础与行动的方向。同时"小学生协同学习研究"也在第十二届教育科研成果评选中,荣获一等奖。

在这些课题项目研究过程中,笔者及其所带领的团队努力发挥着引领全体教师的作用。下面以"纸上生花"综合主题课程建设为例,加以说明。

【案例】"纸上生花"综合主题课程建设中的课程领导机制

在"纸上生花"综合主题课程的开发与实施探索中,我们深深感受到,课程领导力最重要的一点就是引领行为。在"纸上生花"创意环保课程开发与实施的项目研究中,我们主要通过"校长领导——教师跟进"的课程发展机制来引领共同体的行为。

在此机制中,校长不论在问题的感知与反思、目标的设定、实践的先行、资源的挖掘,还是创新热情的渲染等方面,都走在前面,为教师做好榜样,并且以自己的行动塑造着学校的文化,诠释着"让师生乐于学习"的办学理念。

一、角色定位时,走到师生身后,激励推动师生

以往以及现行的学校组织结构是一种金字塔式的垂直行政科层结构,校长处于金字塔的顶端,管理的层级是副校长、中层、骨干教师、教师、学生等。

处于金字塔底部的一线教师和学生,只能从底层仰望那些占用了他们大量能量和时间的众多领导者。这样的组织结构往往依赖于校长的个人才能,行动起来就像由几匹不明方向的马拉动的马车,马车旁还有全副武装的护卫,同时驱车者还猛烈地抽打着马,因为马匹不清楚前进的方向。

这样的组织结构显然不符合课程领导力推进的要求。仅仅依靠自上而下的行政手段,而没有教师主动参与的课程领导肯定不能给课改带来成功。我们认为,校长课程领导的最终目的和归宿应是促进学生的发展,而学生的发展只有通过与其关系最密切的教师来实现。教师的特殊身份决定了教师对于课程领导的独特意义。教师主动参与课程领导能对课程、学生和学校的发展起到重要的作用。首先,教师参与课程领导能优化课程本身,他们可以贡献他们的实践知识,以确认哪些计划在课堂里是切实可行的,哪些是不可行的,从而提高课程的适切性。其次,几乎所有的研究结果都表明,教师在一定程度上参与课程领导工作,不仅会影响到课程设计的结果,而且也会影响课程实施的进程,还会影响到学生的学习结果。

基于此,我们将学校的组织结构进行演化,即把传统的正三角形结构转化成倒三角形,学生和教师处于倒三角形的顶端,校长课程领导团队处于倒三角形的底端。这样的方式向大家传递着重要的心理效应,即位于顶端的教师和学生是最重要的,校长和他的团队的职责就是支持顶端的人物。

二、攻坚克难时,走在师生前面,示范引领师生

"纸上生花"创意环保课程是我校本次探索统整理念下的综合实践活动课的突破口,也是难点。刚开始20名团队成员都感觉到很陌生,对"什么是创意环保课程""如何开展创意环保课程"都不清楚,更不用说进行这方面的研究了。面对这一窘境,校长首先带领核心小组成员与专家进行了探讨。在这一过程中,我们明晰了"创意环保课程"的意义与价值,即它是基于学生的直接经验、密切联系学生自身生活和社会生活、体现对知识的综合运用的课程形态。它以学生的经验与生活为核心,特别强调综合性和实践性,是一种基于学生直接经验的课程。

科研引领,让校长与青年团队间消除了年龄的代沟,思维的碰撞更是拉近了我们之间的距离。此时,校长与大家一样,都是科研课题组的一员,在彼此相互理解的氛围中发挥的集体智慧,使得个体及群体都得到发展。

这3年的综合主题课程开发与实施让我们深深感悟到:课程领导力绝不是校长一个人的事,而是学校的每一位成员都在校长的领导下,成为课程建设的参与者,共同实现学校课程愿景。我们将继续以课程机制建设为突破口,整合个体力量,形成团队合力,推动综合主题课程开发与实施项目的品质发展,从而实现更多的课程价值。

从上述案例中可以看到,打破组织结构、示范引领让笔者与团队成员拉近了彼此的距离,并以共同体的身份共同投入课题研究中,通过思维碰撞获得相互理解。在这样的氛围中,集体智慧得以发挥,个体和群体都得到了发展。

第二节　师生专业成长的新境界

教育改革作为一种社会实践活动,是在一定的价值观指导下的有意识、有目的的活动。价值是人与世界交往过程中的经验累积,表达了人类相互依存关系构成的生活关系。在一定的价值关系中,客观事物能满足人的需要的多样性,但主体人的利益需要和认识水平又有不同,就决定了主客体之间价值关系的多样性。面对这种多样性,在教育改革的过程中必须学会甄别和选择核心价值。从教育改革的根本目的看,价值追求与人的全面发展这一历史发展终极目标具有历史统一性[1],因而促进人的成长与发展显然应该成为教育改革中的核心价值取向。就学校的改革看,学校教育体系中的核心元素是教师和学生,因而学校教育改革的核心价值应该聚焦于促进教师和学生的成

---

[1] 袁国,贾丽彬.人的全面发展:教育改革的基本价值标准[J].教育理论与实践,2018(20).

长。回顾协同教育的实践探索历程,我们感受最深刻的就是师生成长状态的变化。这种变化既体现在师生成长的现实成效上,也体现在师生成长的心理状态上。

一、赋能:团队合作共建教师专业发展场

在现代教育事业中,为了社会发展、文明传承、技术进步、素质提升和道德完善,人类组织了各种教育活动。教师作为一切教育活动的核心和主导者,扮演着教育行为的实践者和变革者的角色。在现代教育体系中,包含多个层次、各种类型和众多学科,无论是个性化教学还是普及教育,无论是培养人格还是注重知识,无论是促进学生全面发展还是面向所有学生,都需要教师具备全面的知识结构、高超的教学能力、崇高的师德修养、持续的专业追求和无私的奉献精神。只有这样,才能真正实现教书育人的根本目标。

无论是从历史还是现实看,无论是基础教育还是高等教育,要发展与提高教育,就必须发展与提高教师素质;要办一流的教育,就必须造就一流的教师队伍[1]。正是在充分认识到教师对学生、对学校、对教育乃至对国家民族所具有的决定性意义,不论是国家政策的制定还是学校课程改革、管理改革的推进,都把教师队伍的专业化建设作为重中之重,都强调了通过高素质教师队伍的建设为教育改革的推进和人才培养质量的提升提供保障。

促进教师持续不断地专业成长是构建高质量教师队伍的应有之义。在教师专业发展的路径体系中,各校都在不断进行探索,以求形成具有学校特征的教师队伍专业成长路径。从当前教师专业发展的趋势看,打造学习共同体,倡导教师之间的团结互助,是一种广受认可的路径。在虹口四中心看来,团队内部的合作、互助、共享是教师自主发展的重要外力,教师专业发展应该是个体与团队在合作互动中构建教师文化的过程。共同体中的教师,既可以进行经验共享,也可以进行思想碰撞和观点交流,还能够开阔问题观察视野,

① 李晓延.新时代教师队伍建设的重要意义[J].人民论坛,2018(35).

并获得精神支持,从而有效改变教师专业发展"单兵作战"方式形成的思路狭隘、意识局限以及生成有限等问题。这不仅能够促进个体教师专业素质的发展,而且还能够促进教师共同体的发展。基于这样的认识,我们认为学校内建构教师共同体十分有必要,而且学校作为一个相对稳定的单位,也为教师共同体有机团结的实现提供了坚实的基础①。在协同教育的过程中,教学、教研和文化是建立教师发展共同体的重要方面。我们秉持协同发展的理念,培养和分享教师之间的合作精神,让教师在协同教学和协同教研中形成专业成长的共同体,实现互相帮助的专业发展。在这个以互助和合作为核心价值的专业发展体系中,教师可以一起讨论教学问题,一起进行课题研究,一起探讨课程建设,一起反思成长经验。这种共同体在学校中构建了一个无形的专业发展平台,时刻激励着教师的专业成长。

在优质的教师专业发展体系下,学校教师队伍获得快速成长,教师整体专业发展呈现良好态势。过去几年,学校多次接受市区层面的调研和听课,调研者均对学校教师的课程意识和教学水平给予充分的肯定。办学至今,有70%以上的教师在市区级教学评比中获奖或教学展示中获得好评。市区教学评比和展示活动对教师厘清教学思路、提升教学技能、确立教学风格起到了推动作用。教师个人的专业提升不仅促进了教师队伍的均衡发展,也成就着一支优秀且有特色的教师队伍的形成。在最近一次的督导和调研中,学生家长对我校教师的满意度达到了90%以上。

二、探索:校本变革追求高质量人才培养

当前教育改革的关键问题是人才培养。为了推动学校人才培养质量的创新,我们需要进行扎实的校本化行动探索。教育学是一门实践性很强的学科,要取得教育改革的成效,需要付诸实际行动。因此,一旦确立了科学的人才培养理念,学校就需要围绕这些理念进行系统的教学和管理变革,以实现

---

① 孙艳玲.教师共同体校本建构的三重向度:教学、教研与文化[J].教育理论与实践,2019(26).

人才培养改革的具体行动。这些行动不能盲目进行，而是要建立在对学生、课程、教学等各个要素的合理认知基础之上。因此，校本变革在人才培养方面的关键是研究学生、课程、课堂教学和办学资源。根据这一要求，我们认为，协同教育所带来的系统变革实际上为高质量的人才培养提供了完善的平台。

首先，为了培养高质量的人才，学校和教师需要静下心来，深入研究自己的学生。学生是学校一切工作的出发点和归宿，了解学生的现状、困惑和需求是至关重要的。只有了解学生的习惯、兴趣和志向，才能引导他们养成良好的习惯，帮助他们统合潜质、兴趣和志向，并做好人生规划。这样学校才能有的放矢地开展教育，激发学生内在的学习动力。在协同教育的理念下，我们提倡每个教师都成为研究者。通过协同教学的宏观课题引领，教师们可以在行动研究中更深入地理解学生和教学。这种理解有助于他们设计更科学的教学路径，从而提升人才培养质量。

其次，为了培养高质量的人才，学校和教师需要树立开放的大课程观，构建开放的大课程体系。学校的课程建设应首先符合学生的实际需求，并满足他们的学习需求。校本课程建设的基础是以学生为本的教育理念，校本课程必须以服务学生为目标。为了让学生学得会，我们需要教授与学生需求一致的内容。同时，校长也需要增强自身的课程领导力，包括设定必修课目标、开发和使用选修课、将学校活动纳入课程化管理等方面的能力。协同教育引发了协同课程建构和学校管理者、教师课程领导力水平的提升。这使得学校能够围绕学生的需求构建完善的课程体系。这种以协同创新为主要特色的课程体系能够满足学生成长的需要，并为提升学生综合素养奠定了坚实基础。

再次，要培养高质量的人才，必须抓住课堂教学改革，鼓励教师提高课堂效率，在课堂上解决"会"的问题。要以学生为主体，要以能力为重，把课堂上更多的时间、空间还给学生，开启学生的思维，发展学生的智力，提高学生的能力。这正是开展协同教学的内在要求。不仅如此，我们还倡导教师充分利用现代信息技术变革教学,让每个人都得到充分、自由、全面的发展。协同教育也充分实行民主化管理,调动教师的积极性,给教师搭平台,引导教师常反思,善于教育、引导家长,统一家长的思想,形成教育合力①。这一切变革帮助学校建构起了人才培养的完整的、高质量的体系。

在实践层面,多年以来,我们坚守课堂教学,以评选"学习小能手"为激励机制开展各种学生校园文化活动,有意培养学生协同意识,激励学生主动学习,提高学生运用知识的能力。许多学生参与各级各类的评优竞赛中表现突出,涌现了不少市区优秀少先队员、先进中队。学校"Happy Learner"的精彩活动正成就着更多学生的梦想,努力着培养新一代踏实勤奋、谦和宽容、智慧博学的四中心人。在师生的共同努力下,学生养成了良好的学习习惯,锻炼了学习能力,夯实了基础知识,学生的学科素养得到有效提升。因此,四中心的学生在升中学时深受中学教师的青睐。学校还积极为学生创设学习时空。在每月一节活动中,我们的学生在"科技节"中放飞风筝、学做纸飞机、创意建模 DIY;"艺术节"中的"四中心好声音"歌唱比赛则让每个爱好唱歌的学生都实现了梦想;"语文节"上课本剧的展演,让每个爱表演有个性的学生登上了舞台;而每 5 年一次的校奥会则以"快乐运动、追逐梦想"为主题,让每个师生看到了我们的协同精神……

这些凸显课程时代性、生活性、丰富性与整合性的活动,激励着每个学生勇于展现自我、超越自我,感受学习的快乐。更可喜的是,经过多年的努力,学校快乐活动日方案获得上海市一等奖,并参加了上海市课程展示活动,在区级进行交流。同时,学校 VEXIQ 机器人项目获得 2015 年度世界锦标赛冠军,棒球获得上海市 C 组第一名;学校开展了"不纸如此"市级美术展示活动、区级"生活中的科学"现场培训活动;学生参加了区级舞蹈、韵律操比赛,合唱队在澳门代表团来校访问期间的演出获得好评。在"阳光梦想舞韵校园"虹口区第 25 届学生欢乐艺术节中,学生的表演舞与集体舞均获得一等奖。

---

① 张绪培.办不一样的学校,培养不一样的人才[J].中国教育学刊,2012(12).

精彩活动不仅丰富着学生学习生活,这让学生的综合素养获得发展,成就了每个孩子成长的梦想!

第三节　学校优质发展的新台阶

在学校改革发展的过程中,打造办学特色、提升办学质量始终是学校管理者的重要追求。特色学校不同于一般学校,是有所创新、具有个性特色、内涵非常丰富的学校。这类学校的建设虽然不是一种新颖的教育方法改革与实验,但当教育方法的改革一旦成为主导学校教育改革的旗帜、推动学校整体目标实现时,便会加快特色学校建设的进程。这是每所学校都在追寻的发展目标,也是每所学校都具有的发展潜质①。从这个角度回顾协同教育的改革历史和学校的发展历史,尽管我们也相信,即使没有协同教育,虹口四中心也会在实践中一步步改革发展,一点点提升办学水平,但是因为坚持多年的探索,协同教育已经成为学校根深蒂固的共有价值,成为支持学校发展的精神力量,也成为学校广受认可的特色品牌。因为有了这种支持,学校的发展进入新的台阶,学校的改革创新进入了快车道。

一、引领：新型管理共享学校核心价值

当代国际著名教育管理学者、西方教育管理价值理论主要创立者霍金森(Hodgkinson)指出,教育管理应特别关注"价值"及其在管理活动、管理理论特别是管理哲学中的地位。管理环境的变化,使得传统的经验管理和科学管理在学校管理过程中面临种种掣肘,但作为文化管理的核心——价值观管理,成为当下学校管理一种新的追求。

学校价值观管理是一种新型的战略管理模式。其目的是通过梳理和提

---

① 黄解放.创建特色学校是每所学校都具有的发展潜质[J].中国教育学刊,2014(1).

炼学校的价值观或核心价值观,将其传播并内化为全体学校成员的行为准则。通过实施学校价值观管理,学校能够实现学校成员自身发展,并引领学校走向卓越。

在当前的学校管理过程中,管理者普遍重视学校核心价值观的提炼,并将其作为引领学校内涵发展的重要精神力量。然而,仅将价值观停留在口号中或管理者层面是不够的。为了确保全体教职工共同分享这种价值观,我们需要通过适当的方式来传达和推广。

一般来说,学校管理者需要采用多样化和创新的宣传方式,开展多渠道的广泛宣传,以扩大学校价值观的影响力。在学校的重要场合,如开学典礼、毕业典礼和总结表彰大会,学校领导应该重视对学校价值观内涵的宣讲。学校可以组织研讨会、论坛、沙龙等活动,鼓励教职工和学生积极参与学校价值观的讨论,分享个人的感受和理解,提升对价值观的认知和认同。学校可以利用校网、校报、宣传橱窗、电视、微信等平台,设立专题或专栏,广泛宣传学校的价值观,使其深入人心。然而,即使通过多种宣传方式,往往也很难真正触及师生的内心,获得他们的真正认可。相比之下,在协同教育的实施过程中,让教师亲身体验学校的核心文化,通过实践来加深他们对学校核心价值的理解,比任何形式的宣传都更加有效。经过多年的反复实践,协同的理念已经深入每一位师生员工的内心,成为他们共同认可和遵循的核心价值观。

二、共生:高质教育提升学校办学声誉

学校声誉是学校在长期办学过程中给社会各界留下的综合印象,是学校与学生、家长、企事业单位、新闻媒体、教育界等公众在社会交往中形成的知名度和美誉度。在教育界,学校竞争正日益演变为声誉竞争。影响一所学校声誉的因素较为多样,主要有学生表现、师资水平、教育理念、管理水平、教学设施、学校的环境与文化等方面。通常最为社会各界所关注的是学校的教育质量。教育质量指的是学校根据国家教育方针政策的要求,根据特定的社会和学生发展需求确定教育目标,并通过设计、组织和实施教育活动来达到的

预期效果。可以说,学校声誉实质上就是学校在长期的办学过程中,其教育质量给社会各界所留下的综合印象。学校声誉评价的关键也就是关于学校教育质量的评价。教育质量需要有明显的表现形式才能为人们直观地感知。这种表现形式,一般是学生经过教育活动后,在特定教育目标方面所取得的成就[①]。从上文的论述中可以看出,随着协同教育的实施,学校的课程教学质量逐渐提升,教师发展和学生成长水平显著增强,由此又带动了学校整体办学质量的不断进步。在这种综合作用下,学校的办学声誉越来越好,具体体现在以下三个方面。

其一,学校获得的荣誉越来越多。荣誉代表着社会的认可,尤其是官方教育管理机构的认可。近年来,虹口四中心先后获得上海市文明校园、上海市依法办学示范校、上海市安全文明校园、上海市中小学行为规范示范校、上海市家庭教育示范校、上海市花园单位等荣誉称号。此外,学校还是教育部"千校携手"项目校、教育部影子校长培训基地、长三角后备干部及骨干教师培训基地校、上海市教师专业发展基地校(首批)、上海市课程领导力项目校(第二轮)、虹口区"国家指南针计划"项目基地校等。这些体现了学校办学的社会认可度。

其二,社会和家长对学校的满意度逐渐提高。近年来,学校重视网站建设,特别是设置了家长学生网上问卷功能,保证问卷能获取更多的样本,更加科学地检测办学质量。数据显示,近年来,学生和家长对于学校办学质量的总体认可水平一直处于比较高的层级,家长对学校的满意率在90%以上。

其三,学校各层级的交流日益广泛。近年来,随着学校的持续发展和品质提升,各个层面的交流活动逐渐增多,学校主办和承办的重大活动也越来越多,在基础教育变革的实践中,学校已经具备了一定的话语权。每年都会有大量的学校和教师来学校参观学习,我们都会尽自己所能把办学经验和智慧传递。特别值得一提的是,学校也是中英数学教师交流项目的参与学

---

① 苏启敏."学业至上"抑或"社会满意"——基础教育学校声誉评价的价值导向分析[J].中国教育学刊,2008(10).

校,通过活动的举办将上海的基础教育改革经验辐射到国外,在国际交流的舞台上体现了学校的独特魅力,并在这种交流互动中更好地积聚了前行的力量。

以下案例展现的便是在中英数学教师交流中发展学校教师专业自觉的实践。

【案例】教学相长——中英数学教师共话小学数学教师专业发展自觉

一、背景

中英数学教师交流项目是"中英人文交流高层对话机制"下的项目之一。该项目的起因是上海中学生在国际学生评估项目(PISA)中连续两届取得数学、阅读和科学第一的成绩,而且数学平均分(613)远高于英国学生(496),优秀率(55.4%)也高于英国学生(11.8%)。这样突出的成绩引起了全世界的关注。英国政府率先派出了72名优秀的小学校长和教师来到上海考察学习,以期通过他们的观察、记录、实施、反思,推进英国新一轮数学课改,使英国学生获得更好的数学学业成就。

二、过程

我校于2014年9月下旬迎来了第一批来访的英国客人。他们参与我们的教研活动,观察老师们的教学活动,阅读上海的数学教材,并与学生交流互动,深入了解了我校的数学教学情况。在我校的最后一周,来自英国伦敦Belleville小学的(Michelle)老师提出,愿与我校三年级的数学教师一起开展同课异构活动,即对三年级的"大卖场中的乘法"内容各自进行教学设计,并开展教学,从而给大家展现中英数学教学的不同点。这引起了中英双方教师的极大兴趣。大家各自组成教研小组,分头准备起来。

我校的数学教师们主要从3个方面进行了研讨。

(1)在愉悦轻松的气氛中,发现问题。教师们希望通过创设大卖场的情境,引导学生从熟悉的购物经历发现学习中的问题,从而激发学生的学习动机。

（2）在积极主动的探索中，获得体验。教师们希望通过设计分层练习、小组合作学习，引导学生从不同的物品、不同的角度、不同的条件入手，提出不同的乘法问题，并尝试自我解决。

（3）在综合应用的学习中，得到提升。教师们通过综合应用的学习，引导学生综合运用所学知识，自主寻找数学问题、解决数学问题，将知识的掌握化为思维的发展和综合能力的提升。

由上可见，我校的教师在教学设计中比较注重教学内容的逻辑性。同时，英国教师也在进行深入的讨论。他们认为，可以将数学游戏贯穿整节课，并在课堂上培养学生的发散性思维，鼓励学生自主寻找知识、运用知识。他们还十分注重学生的小组交流与体验，希望通过学生间的互助，进一步培养学生的自主学习能力。

开课的这一天，大家济济一堂，都很期待这一场中英文化之间的碰撞。

第一节课，我校的刘老师执教。刘老师按照既定的教学设计进行教学，帮助学生巩固了重点，突破了难点，赢得了英方教师的好评。

第二节，英方的 Michelle 老师执教。短短的 35 分钟，Michelle 安排了 3 个游戏，学生们整堂课几乎都处于兴奋状态。这堂课也让我校的教师们感到非常特别。我们发现，3 个游戏侧重点各不相同，但都要学生动手、动脑、动口，并与同桌合作。我们还发现，英国教师教学时更发散，而中国的教师更强调推理的逻辑过程。也许，这正是我们的教育培养的学生创新能力较弱但是数理逻辑基本功比较扎实，而英国教育更能够培养学生动手能力和创新能力的原因。

在之后的交流中，双方都发现，中英双方不同教学方式源于不同的文化因素、学科背景。从分年段的课程编排设计到具体课时单元内容的安排，中英数学遵循的科学线索以及对于本国学生学情基础的分析也各不相同。虽然双方有那么多不同，但我们仍然希望能以此次中英数学交流活动为突破口，打破文化之间的壁垒，互取所长，让更多的学生从中受益，获得学习数学的信心、乐趣、方法与技能。

三、反思

和我们的单一学科任教方式不同,英方小学数学教师往往还兼任文学、科学等其他课程,通常一天时间都在教室里,每周只有半天的校内时间可以进行学科教学的设计和安排。任教学科多,对于教师而言意味着工作量的增加;而不同学科教学的交织势必会影响教师对单一学科研究的深度与精度,英方教师也时常对此表示压力大。

在执教数学学科时,英方教师们并没有统一的数学教材,而是依据国家颁布的小学数学课程标准,自由选择教学内容、教学材料,设计并组织课堂教学,完成评价和反馈。课程标准给予的框架下,教师自由发挥的空间很大,但学科年段要求之间的衔接,以及不同教师教学内容的组织编排能力的差异,使得最终呈现的教学效果存在一定差异。

由于太依赖学具而缺少抽象建模的过程,因此英国数学计算教学在此方面还有待提高。英国教学在实践生活操作方面可圈可点。比如,在学习几何这块内容,由于英国的学具丰富多彩,实践活动较多,学生的动手操作能力自然就强,建构模型的能力也相对较强。

在我们的数学课堂教学中,要继续充分发扬我们数学教学的特色,比如善用变式、利用新旧知识间的联系、加强算理的理解、精心设计练习等,同时还要融入英国教学的优势,多一些活动设计。这不仅能使课堂教学生动有趣,而且还能培养发展学生的动手操作能力、问题解决能力、创新能力等各种能力。这样才能促进我们的教师专业发展自觉。

作为校长,笔者深感学校各层级的交流活动的重要性和价值。这些交流活动不仅是学校与外界的沟通窗口,也是学校内部各个层级之间互相学习和借鉴的机会。

首先,学校与外界的交流活动有助于学校获取更多的资源和支持。通过与其他学校和教育机构的交流,我们可以了解他们的成功经验和教育理念,从中汲取灵感和借鉴。同时,我们也可以通过交流活动与合作伙伴建立深入的合作关系,共同推动教育事业的发展。

其次,学校内部各个层级之间的交流活动有助于促进教师专业发展和团队合作。通过教研活动和教学观摩,不同层级的教师可以相互学习和交流教学心得,提高教学质量。同时,这些交流活动也有助于加强教师之间的团队合作,增强师生之间的互动和沟通。

综上所述,学校各层级的交流活动是学校发展的重要推动力。作为校长,笔者会继续重视和支持各个层级之间的交流活动,鼓励教师们积极参与,不断提升自身的专业素养和教学水平。通过这样的交流互动,相信学校将能够更好地服务于学生,推动教育事业不断发展。

指向科学治理的协同
教育未来展望

　　在教育需求和国家政策的推动下,现代学校治理必然会有实质性的变化。学校治理的关键在于建立合理的内外治理体系。学校必须在内部建立起有效的治理体系,以确保治理工作真正得以落实。治理的核心是通过多方利益主体的合作和互动来达到利益协调的过程,重点在于各方面的合作、对话和协商。这些行为以多元主体合作关系为基础。建立多元主体合作关系是现代学校治理体系建设的目标和要求。学校治理体系的建设必须以建立多元主体合作关系为实践导向,以推进各方面的治理实践,最终实现多元主体合作关系的建立。

　　虹口区第四中心小学在近年的发展中秉持"踏实勤奋、谦和宽容、智慧博学"的核心价值观和教育理念,在课堂教学、课程建设、学生活动、学校管理等方面践行"绿色协同教学",坚持基于课程标准的教学与评价,加快课堂转型,培育学科特色,不断加强师资队伍建设,积极构建育人共同体,努力实现教育公平。随着变革的深入,学校的教育品质与办学声誉与日俱增,全校师生身体力行的"协同教学"已成为贯穿于学校各项工作的传统与文化精神,在和谐、活力、优质的校园环境和氛围中,学生获得快乐与成长,教师获得专业发展与职业幸福,学校也获得了可持续的长足发展;特别是协同教育成为学校的特色品牌,已经被深深融入学校发展的历史进程之中,并将持续发挥作用。

　　应该指出的是,尽管协同教育在学校的研究和实践已经经历了多年,也在实践中取得了多方面的成绩,但是,相比较现代学校治理的理念,特别是其对多元合作关系的建构要求,我们目前所做的探索还是不够的。学校治理本质上就是学校各主体对在办学过程中所表现出的教学与管理等行为的引导、肯定与匡正的过程,其目标是使和学校利益相关的众多主体共同参与教育管理事务,使各方都享有平等的管理权益,并履行其应有的责任。结合学校治理目标的内涵可知,学校治理目标需要通过多元主体合作实现,相关事务由多个主体合作解决。多元主体合作关系是学校治理推进的主要问题,合适的多元主体合作关系建构会使学校治理更加有效。参与学校治理的各方主体在学校治理过程中如何参与学校治理、以何种方式参与学校治理、不同主体之间的矛盾如何化解等都会影响多元主体合作关系的建构,以上各种问题都需要在学校治理体系建构中得到解决①。

　　与现代学校治理的要求相比较,尽管我们能够感觉到协同教育的核心价值与现代学校治理的内在要求是一致的,都倡导多种元素的整合,强调多种教育力量的并行,但是目前学校里所做的探索更多的是学校内部教育主体的有效整合,涉及的课程与教学变革,也多是通过教师之间的有效合作生成新的经验。即便涉及学校外部因素,也往往只是加强了与家长的有效合作。这显然不能满足现代学校治理的所有要求。

　　从协同教育自身的研究与实践看,未来我们将进一步深化绿色协同教学研究,以微课视频的制作均衡协同教学的质量;以评价前置让学生明确学习目标后进行学习;进一步加强协同学习研究,让更多的学生成为学习资源的提供者、享用者,让学生的学习需求被感知、被满足,从而"让师生乐于学习"的办学理念得到更好的实现。但是,从学校治理体系和治理能力现代化建设的角度看,我们显然还有更多的工作需要完成:其一,要对治理体系和治理能力现代化建设的重要价值形成科学认识,特别是要让一线教师认识到治理对

────────────────

① 俞森,马钟范.建构多元主体合作关系:现代学校治理体系建构的实践导向[J].教育理论与实践,2020(4).

管理的超越，认识到推动学校科学治理已经迫在眉睫；其二，要进一步理顺学校内外部关系，跳出原有的课程和教学思维看待协同教育，站在学校治理体系建构的整体高度深化协同教育的内涵，增加学校与外部因素的有效协同研究，构建多元主体共治的局面；其三，进一步健全学校管理制度，弘扬开放民主的管理风尚，建构教师、学生、家长、社会有效参与学校治理的长效机制；其四，要着力提升教师的治理素养，拓宽教师专业发展的能力结构体系，建构现代教育治理背景下教师的能力体系和素养体系，并据此创新教师培养路径，让教师真正具备参与学校治理的能力素质；其五，要直面未来教育的呼唤，充分运用信息技术，促进信息技术与学校课程、教学、管理、服务的有效融合，让学校治理体系的建构真正插上信息化的翅膀，闪耀未来的光芒。在此过程中，学校管理者有着更为艰巨的任务：要做到治理理念的转型，要具备现代学校治理的素养，要以开放、包容、大气的心态迎接教育治理变革的新时代。这是当下教育赋予学校管理者的神圣使命与责任担当。

愿教育治理的春天灿烂辉煌。

主要参考文献

［1］佩鲁.新发展观[M].张宁,等译.北京：华夏出版社,1987.

［2］雅斯贝尔斯.什么是教育[M].邹进,译.北京：生活·读书·新知三联书店,1991.

［3］黄济.教育哲学通论[M].太原：山西教育出版社,1998.

［4］斐迪南·滕尼斯.共同体与社会——纯粹社会学的基本概念[M].林荣远,译.北京：商务印书馆,1999.

［5］曾健,张一方.社会协同学[M].北京：科学出版社,2000.

［6］埃米尔·涂尔干.社会分工论[M].渠敬东,译.北京：生活·读书·新知三联书店,2000.

［7］梅雷迪斯·D.高尔,沃尔特·R.博格,乔伊斯·P.高尔.教育研究方法导论[M].许庆豫,等译.南京：江苏教育出版社,2002.

［8］沈玉顺.现代教育评价[M].上海：华东师范大学出版社,2002.

［9］马克思,恩格斯.马克思恩格斯全集：第46卷上册[M].北京：人民出版社,2003.

［10］内尔·诺丁斯.学会关心：教育的另一种模式[M].于天龙,译.北京：教育科学出版社,2003.

［11］马克斯·韦伯.经济行动与社会团体[M].康乐,简惠美,译.南宁：广西师范大学出版社,2004.

[12] 莫琳·T.哈里楠.教育社会学手册[M].傅松涛,等译.上海：华东师范大学出版社,2004.

[13] 哈肯.协同学——大自然构成的奥秘[M].凌复华,译.上海：上海译文出版社,2005.

[14] 联合国教科文组织.教育：财富蕴藏其中[M].北京：教育科学出版社,2005.

[15] 约翰·古德莱德.一个称作学校的地方[M].苏智欣,胡玲,陈建华,译.上海：华东师范大学出版社,2006.

[16] 厄本恩,等.校长论：有效学校的创新型领导[M].黄崴,龙君伟,译.重庆：重庆大学出版社,2007.

[17] 陈向阳.学校发展计划基本原理与操作规程[M].桂林：广西师范大学出版社,2009.

[18] 申素平.教育法学：原理、规范与应用[M].北京：教育科学出版社,2009.

[19] 全国十二所重点师范大学.教育学基础[M].北京：教育科学出版社,2013.

[20] 林崇德.21世纪学生发展核心素养研究[M].北京：北京师范大学出版社,2016.

[21] 陈珏玉.协同教学：意蕴与智慧[M].上海：华东师范大学出版社,2018.

[22] 季晓军.核心素养导向的小学低年段教学活动设计[M].上海：上海教育出版社,2019.

[23] 刘纯姣.学校家庭协同教育构想[J].怀化师专学报,1996(3).

[24] 班华.素质结构·教育结构·素质教育[J].教育研究,1998(5).

[25] 王宝祥,刘宏博.我国协同教育发展概况和促其健康发展的建议——关于协同教育的初步研究[J].教育科学研究,1999(6).

[26] 石中英.教育信仰与教育生活[J].清华大学教育研究,2000(2).

[27] 叶澜.世纪初中国教育基础理论发展的断想[J].华东师范大学学报(教育科学版),2001(1).

[28] 叶澜.重建课堂教学的价值观[J].教育研究,2002(5).

[29] 赵英伟.校长的校本意识与学校发展[J].林区教学,2003(6).

[30] 闫德明.论学校品牌的特性与校长的品牌意识[J].当代教育科学,2005(3).

[31] 邓涛,鲍传友.教师文化的重新理解与建构——哈格里夫斯的教师文化观述评[J].外国教育研究,2005(8).

[32] 杨启光.重叠影响阈:美国学校与家庭伙伴关系的一种理论解释框架[J].外国教育研究,2006(2).

[33] 南国农.成功协同教育的四大支柱[J].开放教育研究,2006(5).

[34] 王少非.论基于标准的教学[J].教育发展研究,2006(17).

[35] 程天君."理论指导实践"论的终结——基于反思社会学的教育理论与实践关系重审[J].教育理论与实践,2007(3).

[36] 高文宇.协同理论及其教育教学价值[J].科学大众,2007(6).

[37] 李运林.协同教育是未来教育的主流[J].电化教育研究,2007(9).

[38] 司晓宏,吴东方.复杂性理论与教育的复杂性研究[J].教育研究,2007(11).

[39] 成尚荣.儿童立场:教育从这儿出发[J].人民教育,2007(23).

[40] 宋兵波.学校教育改革中的能力建设[J].教育科学研究,2008(1).

[41] 郑金洲.教师教育科研三十年的变迁进程[J].上海教育科研,2008(10).

[42] 苏启敏."学业至上"抑或"社会满意"——基础教育学校声誉评价的价值导向分析[J].中国教育学刊,2008(10).

[43] 曹长德.论教师专业自觉[J].安庆师范学院学报(社会科学版),2009(3).

[44] 袁利平,戴妍.基于学习共同体的教师专业发展[J].中国教育学刊,2009(6).

[45] 史根林.学校发展规划问题及其突破路径——以学校文化发展战略为基点[J].中国教育学刊,2009(8).

[46] 李剑.不同职业生涯阶段教师的专业发展[J].教育理论与实践,2009(26).

[47] 黄乃祝.复杂性理论视野中的学生发展观[J].学术论坛,2009(10).

[48] 李宝庆.学生参与学校变革再探[J].现代教育管理,2010(2).

[49] 马和民,周益斌.走向对话与支持的教育共同体[J].南京社会科学,2010(3).

［50］高鸿源.教育家校长的职业责任伦理与社会责任伦理［J］.中国教育学刊，
　　　2010(9).

［51］刘德华,蔡婷.教育理论与实践的关系：三重维度的审视［J］.大学教育科
　　　学,2011(2).

［52］裴娣娜.学校教育创新视野下中国基础教育课程改革的实践探索［J］.课
　　　程·教材·教法,2011(2).

［53］黄河清,马恒懿.家校合作价值论新探［J］.华东师范大学学报(教育科学
　　　版),2011(4).

［54］朱丽.什么是成功的教育改革——教育改革成效评价标准构想［J］.教育
　　　发展研究,2011(6).

［55］赵应生,钟秉林,洪煜.转变教育发展方式：教育事业科学发展的必然选
　　　择［J］.教育研究,2012(1).

［56］林崇德.心理和谐：心理健康教育的指导思想［J］.西南大学学报(社会科
　　　学版),2012(3).

［57］刘文芳.学习型教学团队对教师专业发展的价值［J］.山西财经大学学报,
　　　2012(S4).

［58］钟祖荣,张莉娜.教师专业发展阶段的调查研究及其对职后教师教育的
　　　启示［J］.教师教育研究,2012(6).

［59］陈雨亭.学校教育改革中的反思能力建设［J］.教育研究,2012(8).

［60］李云星.从理论分析到实践创生：教育理论与实践关系的中国经验
　　　［J］.教育发展研究,2012(9).

［61］刘涛.教师成为研究者：急需澄清的三个问题［J］.教育发展研究,2012(12).

［62］张绪培.办不一样的学校,培养不一样的人才［J］.中国教育学刊,2012
　　　(12).

［63］丁道勇.教师反思的水平模型及其应用［J］.教育发展研究,2012(22).

［64］许武.立德树人是教育的根本任务［J］.中国高等教育,2013(1).

［65］张新平.校长角色论析［J］.教育发展研究,2013(10).

[66] 杜晓利.富有生命力的文献研究法[J].上海教育科研,2013(10).

[67] 袁立新.学校核心价值观的问题与对策——也谈校长的价值判断和治校思想[J].中国教育学刊,2013(S4).

[68] 辛涛,姜宁,王烨辉.基于学生核心素养的课程体系建构[J].北京师范大学学报(社会科学版),2014(1).

[69] 杨思帆,梅仪新.高等教育协同创新的意蕴与意义[J].教育评论,2014(2).

[70] 郭丹丹,郑金洲.教育研究中的协同创新[J].河北师范大学学报(教育科学版),2014(2).

[71] 费蔚.从管理到治理:区域推进义务教育优质均衡发展的体制机制创新[J].教育发展研究,2014(Z2).

[72] 李太平,刘燕楠.教育研究的转向:从理论理性到实践理性——兼谈教育理论与教育实践的关系[J].教育研究,2014(3).

[73] 王颖,潘茜.教师组织沉默的产生机制:组织信任与心理授权的中介作用[J].教育研究,2014(4).

[74] 黄解放.创建特色学校是每所学校都具有的发展潜质[J].中国教育学刊,2014(1).

[75] 刘娜,杨士泰.立德树人理念的历史渊源与内涵[J].教育评论,2014(5).

[76] 王俭.教育理念的凝练与个性化办学思想的生成[J].教师教育研究,2014(5).

[77] 杨志成.学校文化建设的解构与建构[J].中国教育学刊,2014(5).

[78] 张彦君.心理健康教育的瓶颈破除与路径选择[J].中国教育学刊,2014(9).

[79] 孙宽宁,徐继存,焦炜.课堂教学改革的本质游离与回归[J].中国教育学刊,2014(10).

[80] 余文森.发展性教学评价的几个特性[J].上海教育科研,2014(10).

[81] 徐洁.学校发展内生性动力机制探析[J].当代教育科学,2014(16).

[82] 褚宏启.教育治理:以共治求善治[J].教育研究,2014(10).

[83] 褚宏启.自治与共治:教育治理背景下的中小学管理改革[J].中小学管理,2014(11).

［84］段胜锋.教育复杂性及其对教育改革的启示［J］.大学教育科学,2015(4).

［85］苏洋.古德莱德论学校教育改革［J］.比较教育研究,2015(4).

［86］沈伟,项正娟.教育治理语境下我国学校变革的实践与反思［J］.教育发展研究,2015(8).

［87］陈建华.论学校教育哲学及其提炼策略［J］.教育研究,2015(10).

［88］黄步选.目标管理与学校发展［J］.基础教育参考,2015(24).

［89］吴遵民.终身教育的基本概念［J］.江苏开放大学学报,2016(1).

［90］鲍东明.关于西方课程领导理论发展趋向研究［J］.比较教育研究,2016(2).

［91］姜宇,辛涛,刘霞,等.基于核心素养的教育改革实践途径与策略［J］.中国教育学刊,2016(6).

［92］张建,程凤春.名校集团化办学的学校治理:现实样态与实践理路［J］.中国教育学刊,2016(8).

［93］李伟,唐圆,熊冰.学生立场:学校变革的基本价值取向［J］.教育科学研究,2016(8).

［94］李东坡,边耀君.复杂性视域下爱国主义的系统审视和科学培育［J］.思想理论教育,2016(12).

［95］李明新,邓学军.家校握手共建育人生态——以"促进教育"为价值引领的家校协同教育实践探索［J］.北京教育(普教版),2016(12).

［96］陈玉华.学生立场:教育研究与实践的出发与回归［J］.中国教育学刊,2017(1).

［97］陈宝生.把握时代脉搏和教育规律,促进教育事业科学发展［J］.教育研究,2017(1).

［98］胡文斌,陈丽萍,陈向阳.学校发展本质分析与实践路径的构建［J］.大学教育,2017(2).

［99］郭艳君.从发展性评价角度看小学纸笔测验的利弊［J］.佳木斯职业学院学报,2017(4).

[100] 刘冬冬,张新平.教育治理现代化:科学内涵、价值维度、实践路径[J].现代教育管理,2017(7).

[101] 蒲蕊,李子彦.家长参与学校治理的困境及其解决策略[J].教育科学研究,2017(8).

[102] 袁文娟.教育需要坚守"儿童立场"[J].中国教育学刊,2017(9).

[103] 陈立武.学校治理,需打开教师的心理闸门[J].教育视界,2017(23).

[104] 何善亮.论教育研究者的问题意识[J].教育理论与实践,2017(19).

[105] 魏军."治理"视域下我国小学教育质量保障的政策分析[J].教育探索,2018(1).

[106] 叶菊燕,朱旭东.论教育协同变革中教师领导力的价值、内涵及其培育[J].教师教育研究,2018(2).

[107] 佚名.张军扩:当前我国经济社会发展六大特征[J].山东经济战略研究,2018(3).

[108] 马健生,蔡娟.教育改革是一项社会系统工程——顾明远教育改革观探析[J].教育学报,2018(4).

[109] 顾明远.再论教育本质和教育价值观——纪念改革开放40周年[J].教育研究,2018(5).

[110] 余清臣.教育研究的问题意识:实用化风险及其应对[J].国家教育行政学院学报,2018(5).

[111] 李霞.核心素养:人才培养模式改革的召唤[J].教育评论,2018(10).

[112] 秦玉友.问题友好型学校治理:教育高质量发展的切入点[J].教育发展研究,2018(12).

[113] 杨景华.探寻学校文化基因的个性图谱——学校文化个性化的内涵解读与理论分析[J].教育科学论坛,2018(31).

[114] 李晓延.新时代教师队伍建设的重要意义[J].人民论坛,2018(35).

[115] 袁国,贾丽彬.人的全面发展:教育改革的基本价值标准[J].教育理论与实践,2018(20).

[116] 曾天山,杨颖东.新时代科研强校的使命、基本特征与推进策略——以北京科研强校实践为例[J].教育理论与实践,2018(22).

[117] 覃喆,李国泉.中国特色社会主义进入新时代的主要特征[J].中共山西省委党校学报,2019(2).

[118] 朱丽君.共同体理论的传播、流变及影响[J].山西大学学报(哲学社会科学版),2019(3).

[119] 罗莎莎,靳玉乐.新时代教育发展的特点与使命[J].教师教育学报,2019(2).

[120] 雷万朋,马丽.赋权与增能:中小学校长课程领导力提升路径[J].教育研究与实验,2019(3).

[121] 向成军.对复杂性理论的思考[J].系统科学学报,2019(4).

[122] 张万朋,程钰琳.区域教育治理视域下集团化办学成效分析——以上海市J区单一法人式集团为例[J].清华大学教育研究,2019(4).

[123] 夏雪梅,张云浩,张宇恒.破解学校规划实施密码[J].教育科学论坛,2019(10).

[124] 赵兰香,王芳,姚萌.中国人才培养急需"双重转型"[J].中国科学院院刊,2019(5).

[125] 陈莉.教师课程领导力发展的困境与突破[J].教学与管理,2019(15).

[126] 项红专,唐琼一,黄芳.名校长的重要职责:凝练学校教育哲学[J].中小学教师培训,2019(8).

[127] 楚江亭.中小学教师参与学校管理研究[J].中国教育学刊,2009(8).

[128] 张文强.新时代构建高校思想政治教育协同机制研究[J].国家教育行政学院学报,2019(12).

[129] 金京泽.简论学校课程领导力之上海模型[J].上海课程教学研究,2019(12).

[130] 侯玉雪,杨烁,赵树贤.学校治理背景下教师参与学校管理的困境及对策研究[J].教育理论与实践,2019(13).

[131] 顾明远.树立科学的教育质量观使每个孩子享有公平而有质量的教育[J].人民教育,2019(23).

[132] 孙艳玲.教师共同体校本建构的三重向度:教学、教研与文化[J].教育理论与实践,2019(26).

[133] 战珊珊,杨锋.终身教育视域下中本衔接协同教育模式研究[J].东北师大学报(哲学社会科学版),2020(1).

[134] 李中原,庞立生.国家治理视角下高等教育协同治理机制构建研究[J].现代教育管理,2020(1).

[135] 赵澜波.新加坡学校、家庭、社区协同教育组织概况及启示[J].世界教育信息,2020(1).

[136] 周作宇.教育改革的逻辑:主体意图与行动路线[J].北京师范大学学报(社会科学版),2020(1).

[137] 刘冬冬.教育治理体系现代化:内涵与路径[J].江苏教育,2020(2).

[138] 李政涛,文娟."五育融合"与新时代"教育新体系"的构建[J].中国电化教育,2020(3).

[139] 俞淼,马忠范.建构多元主体合作关系:现代学校治理体系建构的实践导向[J].教育理论与实践,2020(4).

[140] 褚宏启.改善校长的思维和工作方式[J].校长阅刊,2007(Z2).

[141] 李爱铭.只想用一辈子办好一所学校[N].虹口报,2012-05-17(02).

[142] 习近平.决胜全面建成小康社会 夺取新时代中国特色社会主义伟大胜利——在中国共产党第十九次全国代表大会上的报告[N].人民日报,2017-10-28(01).

[143] 李政涛."五育融合",提升育人质量[N].中国教师报.2020-01-01(03).

[144] 安桂清.整体课程研究[D].上海:华东师范大学,2004.

[145] 戴永忠.中学教师参与学校决策的管理研究[D].上海:华东师范大学,2004.

[146] 黄立新.技术支持的协同教育研究[D].兰州:西北师范大学,2009.

［147］陈晓蓉.重庆市巫山县中学教师参与学校管理研究［D］.重庆：重庆师范大学,2012.

［148］宋英波.沙河口区初中教师参与学校管理的调查研究［D］.哈尔滨：黑龙江大学,2013.

［149］姚秋兰.中小学学校治理中的教师参与问题研究［D］.上海：华东师范大学,2016.

［150］张茂.协同教育视角下的小学家校合作的现状调查与对策分析——以重庆市 M 小学为例［D］.重庆：重庆师范大学,2017.

［151］朱钰.幼儿园、家庭和社区协同教育的调查及对策研究［D］.安庆：安庆师范大学,2019.

［152］PAUL LENGRAND. An Introduction to Lifelong Education［M］. 1st. Ed. Paris：UNECO，1970：6.

［153］Haken. Information and Self-orgnization：Amacroscopic approach tocom-plexsystem［M］.Springer-Verlar,1988.

图书在版编目（CIP）数据

协同教育理念下的学校治理变革与创新：基于虹口
区第四中心小学的实践 / 陈珏玉著. — 上海：上海教育
出版社，2024.3
（虹口　未来海派教育家）
ISBN 978-7-5720-2519-8

Ⅰ.①协… Ⅱ.①陈… Ⅲ.①小学 – 学校管理 – 教育
改革 – 研究 – 虹口区 Ⅳ.①G627.3

中国国家版本馆CIP数据核字(2024)第052115号

责任编辑　邹　楠
装帧设计　观止堂_未　氓

协同教育理念下的学校治理变革与创新
——基于虹口区第四中心小学的实践
陈珏玉　著

出版发行　上海教育出版社有限公司
官　　网　www.seph.com.cn
地　　址　上海市闵行区号景路159弄C座
邮　　编　201101
印　　刷　上海展强印刷有限公司
开　　本　700×1000　1/16　印张 12.5　插页 4
字　　数　173 千字
版　　次　2024年4月第1版
印　　次　2024年4月第1次印刷
书　　号　ISBN 978-7-5720-2519-8/G·2214
定　　价　78.00 元

如发现质量问题，读者可向本社调换　电话：021-64373213